從一國歷史
預視世界
的動向

極簡

西班牙史

【編著】永田智成・久木正雄
Nagata Tomonari　Hisaki Masao

楓樹林

前言

複雜怪奇的西班牙

「歐洲出現了複雜怪奇的新形勢。」

第二次世界大戰前夕，擔任大日本帝國內閣總理大臣的平澤騏一郎如此說道，並辭去內閣職務。

如果要用一句話來概括西班牙歷史的特色，「複雜怪奇」一詞或許最為貼切。自古以來，各民族在此往來，各種宗教紛雜交錯、離合不斷，發展出令人難以預料的曲折軌跡。西班牙雖為歐洲的一員，卻常常背離其他歐洲國家的運作常理，令人只能驚嘆其歷史。

不過，就像平澤騏一郎在辭職時所說，我們不應半途而廢、放棄學習！正因為複雜，所以才有趣；正因為怪奇，所以才刺激人心。本書的編撰正是希望各位在學習的同時，因這曲折的過往激發起對西班牙歷史的興趣。若能以此為契機引發大家的求知慾，進而形成「新趨勢」，那就再好不過了。

永田智成、久木正雄

歷史冷知識！

西班牙的4大祕密

這些意想不到的史實，就要介紹給初次接觸西班牙史的你！

Secret 1

收復失地運動時期都一直在打仗嗎？

在持續了近800年激烈戰鬥的伊比利半島上，豐富的文化在基督教徒、伊斯蘭教徒、猶太教徒以及改信者之間的緊張關係中蓬勃發展。

→詳情參照53頁

Secret 2

日不落帝國其實很貧困？

16世紀後半的西班牙被譽為「日不落帝國」，然而繁榮外表下卻負債累累。到了17世紀，還深陷對外戰爭和國內的混亂中。

→詳情參照103頁

Secret 3

西班牙流感的發源地不是西班牙？

第一次世界大戰期間，全球爆發大規模流感。由於西班牙的報導規範寬鬆，再加上國王感染的消息廣為流傳，使這次大流行被冠以「西班牙流感」之稱。

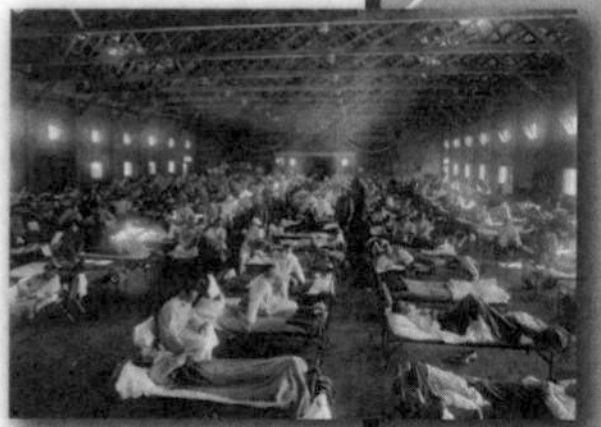

→詳情參照163頁

Secret 4

西班牙沒有參與世界大戰！

西班牙是少數沒有參與第一次世界大戰和第二次世界大戰的歐洲國家。

→詳情參照162、183頁

接下來，我們就來探索西班牙史吧！

目次

chapter 2 收復失地運動的全貌

chapter 3 日不落帝國

〈拉斯班塔斯鬥牛場〉

位於馬德里的西班牙國內最大鬥牛場。落成於1931年，可容納23798人，場地直徑約60公尺，並設有鬥牛博物館。1994年被列為西班牙重要文化遺產。

chapter 4 從哈布斯堡家族到波旁家族

chapter 5

叛亂和獨立四起的十九世紀

〈奎爾公園〉

1984年被列入世界遺產的安東尼・高第作品之一。除了色彩繽紛的陶瓷和馬賽克鑲嵌外，還有波浪形的長椅和獨特造型的建築等。

chapter 6 世界大戰背後的暗湧

chapter 7 從獨裁到民主

chapter 8 現今的西班牙

祕密專欄

序章

多元文化之國

聽到西班牙這個國家時，你首先會想到什麼呢？是激情奔放而迷人的佛朗明哥舞蹈和音樂，還是那些勇猛的鬥牛士在鬥牛場上英勇表現、贏得觀眾熱烈掌聲的畫面？如果你是足球迷，或許會想到皇家馬德里對陣巴塞隆納的經典大戰「El Clásico」吧。除此之外，塞凡提斯（Miguel de Cervantes）、哥雅（Francisco Goya）、畢卡索（Pablo Picasso）、高第（Antoni Gaudi）、卡薩爾斯（Pablo Casals）等名家的作品也許會浮現腦海。美食愛好者則可能會想到西班牙傳統佳餚，如：海鮮燉飯（paella）、橄欖油大蒜蝦（ajillo）等。

這些都足以代表西班牙，卻只是這個多元文化之國的眾多面向之一而已。

儘管西班牙常被稱為地中海型氣候國家，但這通常指的是東部地中海沿岸的橘園區。事實上，臨坎塔布里亞海的北部地區屬於多雨的海洋型氣候；而首都馬德里

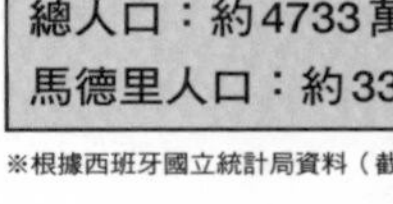

■ 首都
● 主要都市

總面積：約50.6萬平方公里
總人口：約4733萬人
馬德里人口：約333萬人

※根據西班牙國立統計局資料（截至2020年1月1日）。

所在的卡斯提亞內陸地區，則是夏冬分明、日夜溫差大的大陸型氣候。

除了氣候外，西班牙也擁有許多獨特的地區語言。一般所稱的西班牙語，準確來說其實是卡斯提亞語，其他語言還有加泰隆尼亞語、加利西亞語和巴斯克語等，這三者都並非卡斯提亞語所延伸的方言。近年來經常會聽到「加泰隆尼亞」這個地名，是因為該地區正在推動獨立運動。畢卡索、高第和卡薩爾斯等大師，都出生於巴塞隆納所在的加泰隆尼亞地區。

回顧歷史，在持續約八百年的收復失地運動（reconquista）時期，伊斯蘭教、基督教和猶太教這三大宗教也在這片土地上交織出豐富多彩的文化。即使後來西班牙成為基督教國家，從伊斯蘭教或猶太教改宗的人們也為社會增添了多元色彩，使西班牙擁有歐洲國家中獨一無二的文化特色。

現在，就讓我們一起揭開這個多元文化之國的歷史面紗，深入探索西班牙的獨特魅力吧！

chapter 1

伊比利半島的歸屬

各種民族往來

大約五十萬年前，人類就已在伊比利半島定居並留下痕跡。舊石器時代最著名的遺址是阿爾塔米拉岩洞，洞穴內壁描繪了色彩鮮豔的牛、馬等動物圖像，據說是距今約一萬五千多年前的克羅馬儂人所繪製。

大約在西元前二五〇〇年，金屬器具出現，農耕活動隨之展開，並開始有了灌溉系統（開鑿溝渠，將水引入田地），人們會種植葡萄和橄欖樹、使用馬匹。

到了約西元前一〇〇〇年，各地民族開始移居伊比利半島。來自中東的腓尼基人為了開發銀礦而定居在半島南部，並開闢了通往以現今黎巴嫩為中心的地中海貿易航線，經濟活動相當盛行。

腓尼基人沒落後，他們的後裔在北非建立了迦太基，並統治了安達盧西亞地區（現今伊比利半島南部）。

希臘人在伊比利半島東北部至現今法國南部沿海地區建立了殖民城市，這些殖民城市與希臘本土之間有著航線相連，其中最著名的殖民城市是位於利翁灣的馬賽（現今法國馬賽）。

隨著這些民族往來穿梭，伊比利半島的南部和東部地區，逐漸成了從北非移民而來的伊比利人的居住地，西部和中部地區則成了從庇里牛斯山北側進入的凱爾特人的居住地。

這些民族逐漸融合，形成了凱爾特伊比利文化。

羅馬人征服半島

以伊比利半島南部作為根據地的迦太基，為了爭奪地中海沿岸的控制權，曾在西西里島與以義大利半島為根據地的羅馬帝國開戰，此即第一次布匿戰爭，但最終以失敗告終。

失去對經濟活動有著重大影響的西西里島後，迦太基將勢力擴展到伊比利半島的中部和東部地區，以新迦太基（現今西班牙東南部的卡塔赫納）為首都，希望鞏固自身權益。

西元前二一八年，漢尼拔（Hannibal Barca）率領迦太基軍隊從伊比利半島出發，越過阿爾卑斯山脈進入義大利半島，此即第二次布匿戰爭。漢尼拔在坎尼會戰中連勝羅馬軍，將羅馬逼入絕境。但後來羅馬軍改變策略，採取持久戰，使迦太基軍隊無計可施。

在伊比利半島的防禦戰中，由漢尼拔的弟弟哈斯德魯巴（Hasdrubal Barca）率軍抵禦羅馬入侵，但最終首都新迦太基還是被大西庇阿（Scipio Africanus）攻陷。西元前二〇二年，大西庇阿擊敗漢尼拔，次年第二次布匿戰爭以羅馬勝利告終，結束了迦太基在伊比利半島的統治，正式併入羅馬帝國的版圖。

羅馬統治下的西班牙

西元前一九七年，羅馬人在伊比利半島設立了屬州希斯帕尼亞（Hispania），此即日後西班牙（Espana）的語源。

隨著羅馬軍在西班牙各地定居並建立城市，伊比利半島羅馬化的進程逐漸加速。

然而，這也引發了凱爾特伊比利人、盧西塔尼亞人等原住民的激烈抵抗。直到第二次布匿戰爭結束後約八十年，衝突才落下帷幕。

之後，羅馬從共和政體過渡到帝國時期，期間經歷了史稱「羅馬和平」的階段，這讓西班牙地區得到大規

模的發展。

羅馬帝國時期的西班牙被細分成多個行省。行省的數量有過變化，最初只有遠西班牙和近西班牙這兩個行省，後來增加為七個行省。這時期，伊比利半島內陸地區有五個行省：東北部的塔拉科、東南部的迦太基、南部的貝提卡、西南部的盧西塔尼亞、西北部的伽萊基亞，每個行省都由總督統理。

七省時代的西班牙

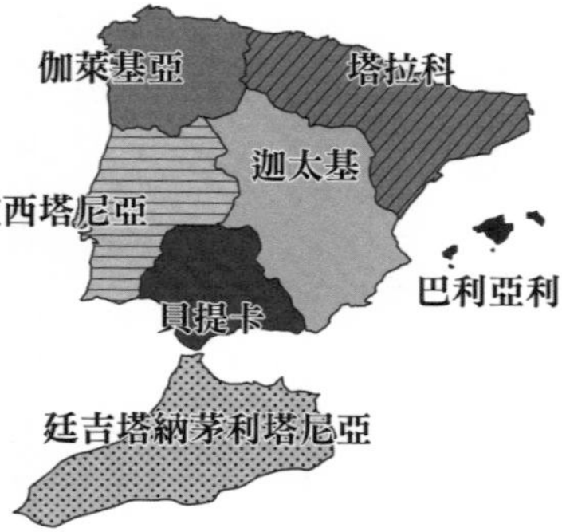

在羅馬總督的統治下，西班牙的農業和礦業獲得長足發展，城市也日益繁榮。當時修建的奧古斯塔道，以及水道橋、橋樑、劇院、競技場、廣場和城牆等設施，至今都作為古蹟保存下來。

從西元一世紀後半的維斯帕先帝（Vespasian）時代開始，許多西班牙有力人士也獲得了羅馬公民權，開始經營葡萄園和橄欖園，並參與公共建設。

西班牙為羅馬帝國培養出許多傑出人才，例如：在羅馬帝國鼎盛時期的五賢帝中，圖拉真（Trajan）和哈德良（Hadrian）都出身西班牙。尼祿皇帝（Nero）的老師——哲學家塞內卡（Lucius Annaeus Seneca）、詩人盧坎（Marcus Annaeus Lucanus）和修辭學家昆提良（Marcus Fabius Quintilianus），也都是西班牙人。

基督教成為國教

約西元一世紀時，基督教傳入西班牙。

羅馬帝國是個多神教國家，將古代的近東、希臘、埃及等地區的眾神都納入信仰體系中，但作為一神教的基督教則被長期禁止。然而，基督教在帝國各地逐漸傳播開來，到了西元三世紀末，已經傳遍整個西班牙地區。因此，西元三一三年，君士坦丁大帝承認了基督教的合法地位。

西元三九二年，狄奧多西大帝更進一步將基督教定為國教，使其成為羅馬帝國唯一獲准的宗教。從此，基督教深深影響了伊比利半島的歷史進程。

日耳曼民族來臨

西元三七五年，遊牧民族匈人從東方來到歐洲，在他們的壓迫下，原本居住在東歐地區的日耳曼人開始向西遷移，此即日耳曼的「民族大遷徙」。

西元四〇九年，日耳曼民族抵達西班牙。其中，汪達爾人、阿蘭人和斯維比人經由高盧（現今法國）進入西班牙，導致西班牙治安大亂。

為了解決這個問題，羅馬帝國將土地分給他們，將他們視為同盟者，允許他們在此定居，負責帝國的防衛。

西元四一五年，為尋求定居地，西哥德人也抵達了南高盧。當時的羅馬皇帝霍諾留（Honorius）承諾西哥德首領瓦利亞（Wallia），如果他能打敗汪達爾人，西哥

日耳曼民族入侵路線

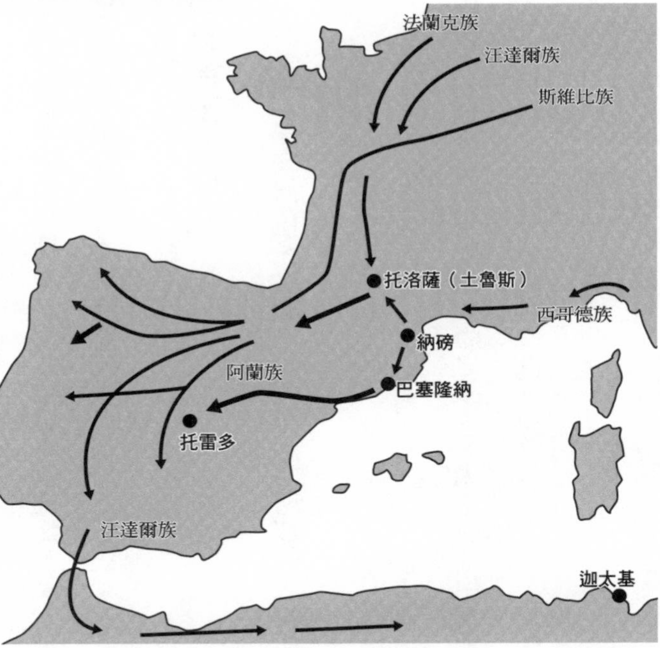

德人就能獲得定居地。

西元四一六年，羅馬帝國與西哥德人的聯軍進入伊比利半島，進攻汪達爾人。

結果，汪達爾人和阿蘭人在西元四二九年時，於蓋薩里克（Geiseric）的帶領下，從西班牙南部渡海逃往北非。

西哥德人擊敗汪達

爾人後，獲得了羅馬帝國給予的部分阿基坦地區（現今法國西南部）土地。

斯維比人則在伊比利半島東北部建立斯維比王國，延續了約一百五十年，直到西元五八五年才被西哥德王國併吞。

西哥德王國成立

西哥德人瓦利亞以托洛薩（現今法國西南部的土魯斯）為首都，於西元四一八年建立西哥德王國。

在尤里克（Euric）作為西哥德國王的時代，正值西羅馬帝國崩潰時期，西哥德王國在伊比利半島的版圖因此隨之擴大。尤里克向伊比利半島各地派遣軍隊，掌控了大部分地區。西哥德王國轉眼間成為強大的王國，支配了從南高盧到整個伊比利半島。

到了西元五世紀末，法蘭克族的克洛維一世（Clovis I）在北高盧建立法蘭克王

約西元500年的西哥德王國周邊

國，與位於南高盧的西哥德王國對立。

西元五〇七年，法蘭克王國揮軍入侵南高盧，擊敗了西哥德王國。當時的西哥德國王亞拉里克二世（Alarich II）在這場戰役中身亡，南高盧的土地遭到法蘭克王國併吞。

倖存的南高盧西哥德人逃往伊比利半島，從此西哥德王國的版圖僅限於伊比利半島，首都也遷至托雷多。

亞拉里克二世戰死後，西哥德王國爆發王位之爭。在西哥德人「勝者為王」的傳統認知中，實力強大的下屬推翻弱小的國王是天經地義的事情，致使統治者頻繁更迭、政治陷入混亂。

經過長達約六十年的混亂時期，西元五六八年，利烏瓦一世（Liuva Ⅰ）和利奧維吉爾德（Leovigildo）兄弟共同登基為王，利烏瓦死後由利奧維吉爾德恢復了西哥德王國的穩定。

一國有兩種宗教和法律體系

初期西哥德王國的特色，是由少數哥德人統治眾多西班牙羅馬人（早在羅馬帝國時期就已居住在伊比利半島的人）。

哥德貴族在王國的重要地區都擁有大片土地，累積了巨額財富；他們不僅在新首都托雷多及各地擔任高階官員，有些更是虎視眈眈地覬覦著王位。

一般平民大多是西班牙羅馬人，從事農業、工業或擔任神職人員；不服從西哥德王權的巴斯克人、坎塔布里亞人等，則生活在北部山區和沿海地帶。

無論是在信仰還是適用法律上，哥德人與西班牙羅馬人都存在著差異。

在宗教方面，哥德人信奉天主教的亞流派，而西班牙羅馬人則信奉羅馬天主教。在法律方面，哥德人適用他們自己的《尤里克法典》；而西班牙羅馬人則適用羅馬帝國時代的羅馬法。在同一個國家內存在著兩種法律體系，不同民族適用不同法律體系的情況持續了很長一段時間。

從亞流派轉為天主教

利奧維吉爾德（Leovigildo）繼位成國王後，與前任國王阿塔納吉爾德（Athanagild）的王后再婚，並與前妻生有赫爾梅內吉爾德（Hermenegild）和雷卡雷德（Reccared I）兩個兒子。

利奧維吉爾德在伊比利半島各地積極展開軍事遠征，恢復國家安定，並試圖加強國王的權力。他鎮壓王國內的有力人士，模仿羅馬皇帝坐在寶座上穿戴王袍，並將自己的肖像刻在貨幣上。

利奧維吉爾德也試圖解決宗教和法律體系所造成的雙重結構問題。首先，他允許哥德人與西班牙羅馬人通婚，但這仍舊無法解決宗教問題。

最後，宗教問題還引發其子赫爾梅內吉爾德的叛亂。據說赫爾梅內吉爾德受妻子勸說而改信羅馬天主教，並向東羅馬帝國尋求軍事援助，以塞維亞為根據地對抗父親利奧維吉爾德。

叛亂很快被平定，但大多數西班牙羅馬人都支持赫爾梅內吉爾德，這讓利奧維吉爾德意識到，西哥德王國難以再繼續維持亞流派信仰。據傳他在西元五八六年去世前不久，也改信了羅馬天主教。

繼任的雷卡雷德最後也皈依天主教，並在西元五八九年召集主教等宗教領袖，在托雷多舉行會議，此即第三次托雷多會議。雷卡雷德在會議上宣布羅馬天主教為西哥德王國國教，正式化解了宗教上的雙重結構問題。

當時也有猶太教徒（猶太人）定居在西哥德王國的城市中。據信早在西元一世紀時，就已經有猶太教徒居住在伊比利半島上了。

由於耶穌基督被認為是遭到猶太教徒迫害而亡，基督教成為羅馬帝國國教後，猶太教徒便遭到歧視，例如：禁止擁有奴隸等。到了西哥德王國時期，這種限制消失後，猶太教徒便開始建立起自己的網絡，開展出繁榮的經濟活動。

當時的日本

約586年，西哥德國王利奧維吉爾德去世時，日本正流行疫病。物部守屋認為是由於外來的佛教所致，因而發生毀壞佛殿事件，並與贊成佛教傳入的蘇我氏對立。

然而，隨著西哥德王國皈依天主教，情況發生了變化。西元五八九年的第三次托雷多會議上，禁止猶太教徒擁有基督教奴隸或與基督徒通婚，這成為猶太教徒被迫改信基督教、遭受迫害的開端。

之後，西元六九三年的第十六次托雷多會議上，提出沒收不皈依基督教的猶太教徒財產的議案；西元六九四年的第十七次會議上，則提出將猶太教徒奴隸化的議案。

法典完成

雖然哥德人和西班牙羅馬人的宗教雙重性問題解決了，但法律上的雙重結構問題仍然存在。試圖統一法律體系的，是後來的辛達斯文特國王（Chindasuinth）及其子拉斯文思（Recceswinth）。

西元六五四年，拉斯文思國王終於完成統一法典《西哥德法典》，確立了包括君主在內所有人都必須遵守的唯一法律體系。

即使西哥德王國滅亡後，《西哥德法典》仍被沿用，一直延續到中世紀末期，並被稱為《Fuero Juzgo》。

伊斯蘭勢力入侵

西元六七二年，拉斯文思國王去世後，西哥德王國再次陷入動盪時期。

與此同時，伊比利半島南端的北非地區，東羅馬帝國的領土已被伊斯蘭勢力所征服。西元六九八年，迦太基城市陷落，可見伊斯蘭勢力進入伊比利半島只是時間早晚的問題了。

儘管面臨國家存亡危機，西哥德王國仍因王位之爭而持續內鬥。西元七一〇年，維提扎國王（Wittiza）去世後，其子阿基拉二世（Achila II）繼位，但手握實權的羅德里克（Roderic）發動叛亂，奪取了王位。阿基拉二世與老國王的追隨者們

伊斯蘭勢力入侵路線

桑斯
普瓦捷
歐坦
里昂
波爾多
瓦朗斯
土魯斯
尼姆
盧戈
雷昂
阿瑪亞
卡爾卡松
艾克斯普羅旺斯
阿斯托加
潘普洛納
納磅
埃爾納
薩拉戈薩
赫羅納
雷里達
薩拉曼卡
巴塞隆納
塔拉哥納
塔拉韋拉－德拉雷納
瓜達拉哈拉
托雷多
埃武拉
梅里達
哥多華
塞維亞
奧里韋拉
埃西哈
哈恩
奧薩諾瓦
巴薩
瓜達萊特
格拉納達
馬拉加
休達
塔里克（711-712）
穆薩（712-714）
阿卜杜拉・阿齊茲（713-714）
阿爾・富爾、阿爾薩邁德（716-721）
安巴薩（725）、烏克巴（728）
阿卜杜拉・赫曼・加菲基（732）

試圖與羅德里克決一勝負，還是未能解決紛爭。

於是，阿基拉二世決定向伊斯蘭勢力尋求協助。西元七一一年，奧瑪亞王朝統治下的易弗里基葉（北非中西部）總督穆薩（Musa ibn Nusayr），應阿基拉二世的要求，派遣由塔里克將軍（Tariq ibn Ziyad）率領的約七千名北非柏柏人進入伊比利半島。

羅德里克率軍在瓜達萊特迎戰，最終被徹底擊敗並陣亡。塔里克將軍繼續推進，首都托雷多無血獻城。西哥德王國因王位之爭，輕易就被伊斯蘭勢力打敗，最終瓦解。

之後，伊斯蘭大軍接連攻陷伊比利半島上的主要城市，半島的大部分地區都落入伊斯蘭勢力的統治下。

耐人尋味的西班牙偉人①

古羅馬斯多噶學派代表人物

小盧修斯・阿內烏斯・塞內卡

Lucius Annaeus Seneca

（約西元前4年～西元65年）

伊比利半島出身，對後世的思想、文化影響深遠

在古羅馬時期盛行的希臘哲學流派中，最著名的當數斯多噶學派，而其中最活躍的人物就是塞內卡。塞內卡出生於西班牙南部的哥多華，曾擔任過皇帝尼祿的家庭教師。

斯多噶學派追求「順從自然」的生活方式，意即將自己委身於大自然中，從而拋卻不安與慾望。這種思想也反映在塞內卡的著作中，他在《論人生短暫（On the Shortness of Life）》一書中寫道：「離生活最遠的是繁忙的人，知道如何生活是最困難的事。」

此外，他還著有《道德書簡（Episulae Morales ad Lucilium）》、《阿加曼農（Agamemnon）》、《特洛伊婦女（Troades）》等作品，對後世作家，如：蒙田（Michel de Montaigne）、馬基維利（Niccolò Machiavelli）、莎士比亞（William Shakespeare）、拉辛（Jean Racine）等作家產生了深遠的影響。

chapter 2

收復失地運動的全貌

收復失地運動開始

在伊斯蘭統治下的伊比利半島，成為由以大馬士革為首都的奧瑪亞王朝轄下省分——安達盧斯。「安達盧斯」一詞原本是伊斯蘭勢力用來指稱整個伊比利半島的地理名稱，但本書中我們將以此稱呼伊斯蘭統治下的地區。

居民皈依伊斯蘭教並非強制性的，只要繳納人頭稅（吉茲亞，jizya），就能繼續保有基督教或猶太教信仰。在安達盧斯地區繼續信奉基督教者，被稱為莫扎拉布人；為了出人頭地或追求富有而皈依伊斯蘭教的基督教徒，則被稱為穆拉迪人。

在安達盧斯，阿拉伯人之間為了瓜分征服地而互相廝殺，柏柏人也曾發動起義，局勢一片混亂，在三十五年內就換了十九任總督（埃米爾，emir），情況相當不穩定。

另一方面，西哥德王國瓦解後，佩拉約（Pelagius）等西哥德貴族和平民便逃

西元8世紀中葉的伊比利半島

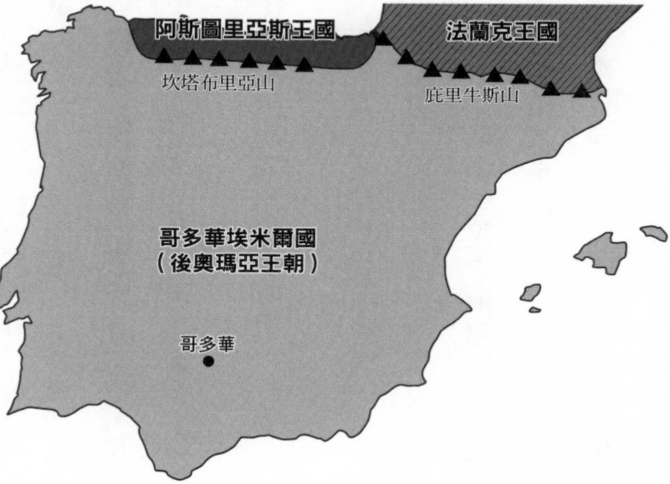

往北部的坎塔布里亞山腳。佩拉約獲得當地巴斯克裔阿斯圖里亞斯人的支持，繼位成為國王，建立阿斯圖里亞斯王國。

西元七二二年，佩拉約將奧馬亞軍引到阿斯圖里亞斯南部的科瓦東加谷地，發動突襲並獲勝。後來，基督教徒展開奪回伊比利半島的「收復失地運動」，這場戰役即被視為其開端。

阿斯圖里亞斯王國不斷推進收復失地運動，在阿方索二世（Alfonso II）時期併吞了西北部的加利西亞地區。

而政治動盪的安達盧斯，則是直到阿卜杜拉．赫曼一世（Abd al-Rahman I）才平定。阿卜杜拉．赫曼一世出身於奧瑪亞王室，在奧瑪亞王朝滅亡後，於西元七五六年抵達伊比利半島，繼任總督之位。其後，便在安達盧斯地區建立獨立王朝——哥多華埃米爾國，又稱後奧瑪亞王朝，奧瑪亞王朝的統治者血脈得以延續。

伊比利半島北部的動盪

伊斯蘭勢力入侵伊比利半島後，庇里牛斯山東部的巴斯克裔原住民接納了許多西哥德王國的人民，其首領家族也透過婚姻與西哥德貴族結盟。

另一方面，哥多華埃米爾國成立前後，安達盧斯地區陷入混亂，法蘭克王國趁機於西元八〇一年占領了巴塞隆納。同年，一位西哥德貴族被任命為巴塞隆納伯爵，法蘭克王國治下由諸侯領組成的西班牙邊境領地因此成立，這片地區之後便改稱為加泰隆尼亞。隨著法蘭克王國衰弱，西班牙邊境領地的諸侯領逐漸掌握自主權。西元九八七年，法蘭克王國的卡佩王朝建立後，這些侯領便宣告獨立了。

與此同時，居住在庇里牛斯山西部的巴斯克裔原住民的情況則有所不同。他們拒絕接受法蘭克王國的統治，反而與安達盧斯親近。西元八二〇年，巴斯克貴族伊尼戈・阿里斯塔（Eneko Aritza）在親戚穆拉迪貴族卡西家族的支持下，建立了納瓦拉王國並成為第一任國王。

同一時期，哥多華埃米爾國的國王阿卜杜拉・赫曼二世（Abd al-Rahman II），則嘗試改革國家的財政和行政。他打破了西哥德王國以來由貴族統治的傳統，實行國家直接統治和徵稅，成功改善財政狀況，得以對阿斯圖里亞斯王國和西班牙邊境領地發動軍事遠征，並重建位於首都哥多華的清真寺（伊斯蘭教的禮拜堂）。

然而，失去了西哥德王國時期特權的穆拉迪貴族反對阿卜杜拉・赫曼二世的作為，在西元九世紀後期到十世紀初期爆發了大規模叛亂。

阿斯圖里亞斯王國的阿方索三世（Alfonso III）趁機與穆拉迪貴族合作，擴張版圖至安達盧斯邊境的葡萄牙伯國（現今葡萄牙北部城市波多）、孔布拉（現今葡萄牙中部城市），以及卡斯提亞北部地區，並讓農民移居過去，擴大了王國的領土。

卡斯提亞伯國建立

西元九一〇年，阿斯圖里亞斯王國分裂為雷昂王國和加利西亞王國。

巴斯克人和坎塔布里亞人移居至雷昂王國東部邊界的北卡斯提亞地區後，開墾了無主的荒地。然而，負責承認土地所有權、給予農民庇護的領主權力紊亂。

直到費爾南・岡薩雷茲（Fernán González）於西元九三二年成為卡斯提亞伯爵後，才成功統一卡斯提亞北部地區。其後，卡斯提亞伯國主導了收復失地運動。

安達盧斯鼎盛時期

西元十世紀時，安達盧斯地區迎來了鼎盛時期。

西元10～11世紀的伊比利半島

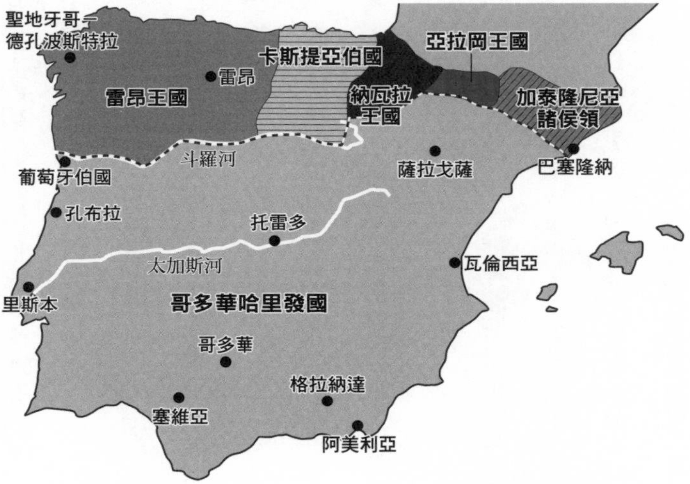

西元九一二年即位為埃米爾的阿卜杜拉・赫曼三世（Abd al-Rahman Ⅲ），於西元九二九年宣稱自己是伊斯蘭教創始人穆罕默德（Muhammad）的繼承人「哈里發」。從此，哥多華埃米爾國改稱哥多華哈里發國。

阿卜杜拉・赫曼三世組織了僱傭軍，不斷遠征基督教國家，甚至派遣軍隊到北非的法提馬王朝，將馬格里布（現今的突尼西亞、阿爾及利亞和摩洛哥地區）北部地區列為保護領地。為了對抗這股勢力，雷昂王國、納瓦拉王國和卡斯提亞伯國聯手，在斗羅河流域與哥多華哈里發國展開激烈的攻防戰，卻仍舊無法阻擋其勢力擴張。

其後，哥多華哈里發國便以西地中海大國之姿，成為西伊斯蘭文化的中心。當時作為世界頂級大都市的哥多華首都，匯聚了眾多知識份子，建立起大型圖書館，醫學等自然科學的水平也有飛躍性的提升。

西元十世紀後期，年幼的希沙姆二世（Hisham II）繼位哈里發，原為大臣（維齊爾，vizier）的曼蘇爾（al-Mansur）成為內侍（哈吉卜，hajib）並代為執政。

曼蘇爾率領僱傭軍不斷遠征雷昂王國等北部基督教國家，其軍隊甚至抵達了基督教朝聖地聖地牙哥－德孔波斯特拉，將安達盧斯的領土擴張到最大範圍。

然而，曼蘇爾去世後，哥多華哈里發國陷入爭奪實權的內亂中，並於西元一〇三一年瓦解。失去了奧瑪亞家族哈里發權威的安達盧斯地區，隨即演變成小國（泰法，taifa）林立的局面，此即第一次泰法時代。

桑喬大帝

西元一〇二九年，納瓦拉國王桑喬三世（Sancho III Garcés）在身為卡斯提亞伯爵的侄子——加西亞・桑切斯（García Sánchez de Castilla）去世後，透過妻子莫妮亞（加西亞的姊姊）獲得了卡斯提亞伯國的領有權。與此同時，他將陷入內亂危機的雷昂王國置於保護國的地位，並讓巴塞隆納伯國臣屬於下。

最大版圖的納瓦拉王國由此建立，成為伊比利半島上最有權勢的基督教國家，桑喬三世也因此被稱為「桑喬大帝」。

卡斯提亞－雷昂王國誕生

西元一〇三五年，卡斯提亞伯國的領有權由桑喬三世的兒子——斐迪南一世（Fernando I）繼承。

卡斯提亞－雷昂王國的成立與繼承

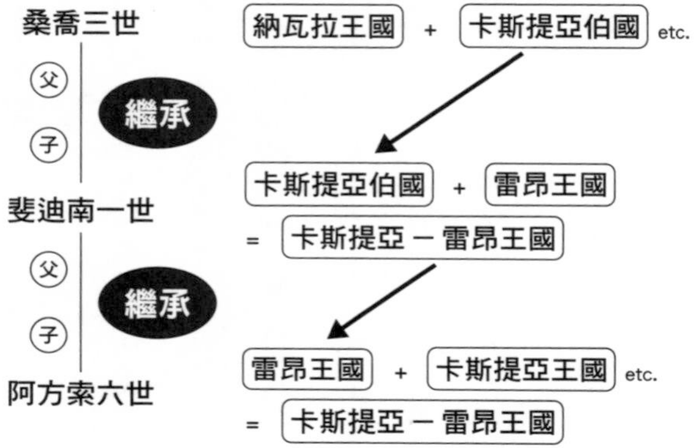

不僅如此，斐迪南一世也獲得了雷昂王國的繼承權，因此於西元一〇三七年建立了卡斯提亞－雷昂王國。

斐迪南一世的兒子阿方索六世（Alfonso VI）歷經兄弟鬥爭，繼承了卡斯提亞－雷昂王國。他多次積極發動軍事遠征，於西元一〇八五年從伊斯蘭勢力手中奪回曾是西哥德王國首都的托雷多，並將多個小型泰法王國置於保護國地位，向他們徵收貢賦。

面對這種情況，泰法諸國的國王們紛紛向穆拉比特王朝尋求軍事援助。

穆拉比特王朝入侵

穆拉比特王朝源自伊斯蘭法學家伊本・亞辛（Abdallah ibn Yasin）所發起的穆拉比特運動，為旨在實施嚴格禁慾主義的伊斯蘭改革運動。其勢力範圍擴展至現今摩洛哥全境及茅利塔尼亞東部地區。

穆拉比特王朝應下泰法諸國請求，派軍登陸伊比利島，並於西元一〇八六年薩拉卡戰役中擊敗卡斯提亞－雷昂王國軍，成為安達盧斯統治者。

亞拉岡王國擴張

同一時期，伊比利半島東北部也出現了新動向。

當時的日本

1086（應德3）年，日本白河天皇禪位給年幼的堀河天皇，自己作為上皇掌控政務，開啟了院政時期。從這時起直到平家滅亡（有一説是直到承久之亂），被稱為「院政時代」。「院政」一詞是由江戶時代思想家賴山陽所命名。

西元一〇三五年，納瓦拉國王桑喬三世的庶子拉米羅一世（Ramiro I）繼承了亞拉岡伯國，建立了亞拉岡王國。

亞拉岡王國採取積極的擴張領土政策。繼任的國王桑喬・拉米瑞茲（Sancho Ramírez）與卡斯提亞－雷昂王國的阿方索六世聯手，於西元一〇七六年併吞了納瓦拉王國。

西元一一一八年，又在亞拉岡國王阿方索一世（Alfonso I el Batallador）的統治下，從穆拉比特王朝手中奪回了薩拉戈薩，並將其設為首都，勢力範圍向厄波羅河以南地區擴張。

從穆拉比特到穆瓦希德

受到穆拉比特王朝統治之前，泰法諸國在政治和經濟上的實力都不強大，只能臣屬於基督教國家，以貿易來維持國家運作。

約西元12世紀的伊比利半島

然而，在穆拉比特王朝中擁有領導地位的柏柏人嚴格遵守《古蘭經》教義，要求異教徒也需遵守伊斯蘭教規。這使得希望與基督教國家和莫扎拉布人保持關係的泰法諸國國王，開始與穆拉比特王朝對立。

另一方面，馬格里布地區掀起了穆瓦希德運動，認為穆拉比特運動才是異端。這個運動是由柏柏人伊本・圖馬特（Ibn Tumart）所發起，強調「除了真主阿拉，伊斯蘭教沒有其他神」，勢力不斷擴大，並對穆拉比特王朝發起聖戰。西元一一三〇年，穆瓦希德王朝建立，並在西元一一四七年消滅了穆拉比特王朝。

穆拉比特王朝統治結束後的安達盧斯地區，泰法諸國再次陷入群雄割據的局面，此即第二次泰法時代。其後，穆瓦希德王朝的首任哈里發——阿卜杜拉・慕敏（Abd al-Mu'min）登陸伊比利半島，著手平定動盪的泰法諸國；繼任的優素福（Yusuf）成功於西元一一七二年使穆瓦希德王朝統治了整個安達盧斯地區。

亞拉岡聯合王國成立

安達盧斯的勢力版圖發生變化的同時，基督教國家也陷入政治動盪之中。

在亞拉岡王國推動收復失地運動的阿方索一世死後，王位繼承人問題引發了亞拉岡和納瓦拉貴族之間的對抗。最終，拉米羅二世（Ramiro II）成為亞拉岡國王，加西亞・拉米瑞茲（García Ramírez de Pamplona）成為納瓦拉國王。西元一一三四年，亞拉岡和納瓦拉的聯合王國體制（由一位國王統治複數國家）解除。

拉米羅二世決定將亞拉岡王國割讓給在南法也擁有領土的加泰隆尼亞大貴族——巴塞隆納伯爵。於是西元一一三七年，拉米羅二世讓剛出生不久的女兒佩德羅尼拉（Petronilla）與巴塞隆納伯爵拉蒙・貝倫格爾四世（Ramón Berenguer IV）聯姻，亞拉岡和加泰隆尼亞的聯合王國由此誕生。

另一方面，在穆拉比特王朝和穆瓦希德王朝的壓力下，卡斯提亞－雷昂王國也發生了內鬥。西元一一五七年，阿方索七世（Alfonso VII）去世後，卡斯提亞王國和雷昂王國再次分裂。

卡斯提亞王國日益壯大

在分裂後的雷昂王國，阿方索九世（Alfonso IX of León）為了加強財政，計畫徵收臨時稅。為了決定這件事，他讓過去只有貴族和神職人員才能參與的立法機構，也納入了來自各城市的代表者。西元一一八八年，由貴族、神職人員和城市代表組成、歐洲最早的階級制議會「科爾特斯（cortes）」成立。

另一方面，卡斯提亞王國的阿方索八世（Alfonso VIII of Castile）從納瓦拉王國奪取了伊比利半島北部的領土，繼續擴大其統治範圍。在與伊斯蘭勢力的戰鬥中，阿方索八世於西元一一九五年的阿拉科斯戰役中被穆瓦希德軍隊擊敗。

不過，西元一二一二年，阿方索八世便與其他基督教國家組成聯軍，在拉斯納瓦斯－德托洛薩會戰中擊敗了穆瓦希德軍隊。

這場勝利確立了卡斯提亞王國在基督教世界的

聲譽。兩代之後，斐迪南三世（Fernando III）因父親阿方索九世的去世而繼承雷昂王國的王位，使卡斯提亞王國於西元一二三〇年再次併吞雷昂王國。

穆瓦希德王朝在被卡斯提亞王國擊敗後，無法壓抑人民的不滿，於西元一二二八年從安達盧斯撤退。安達盧斯自此無公認的絕對權威，進入第三次泰法時代。

社會變遷

在持續推動收復失地運動的伊比利半島上，安達盧斯和基督教國家的社會都發生巨大變化。

從西元十世紀開始，安達盧斯便因貿易而快速成長、人口增加，塞維亞一躍成為擁有約八萬人口的主要城市之一。

除了經濟和社會成長，安達盧斯的學術界也有了長足進步。舉凡在基督教世界以阿威羅伊（Averroes）之名廣為人知、對哲學有重大貢獻的伊本・魯世德（Ibn

Rushd）、以及繪製出世界地圖的伊德里西（Muhammad al-Idrisi）、記錄麥加朝聖之旅的伊本・朱貝爾（Ibn Jubayr）等，都對後世產生了深遠的影響。

另一方面，從西元十一世紀起，基督教國家也在經濟社會上有重大發展。農產量提供促使了人口成長；聖地牙哥－德孔波斯特拉則吸引了許多來自歐洲各地的朝聖者，使朝聖路線形成了旅館小鎮。

此外，被安排移居至征服地的人會獲得土地和住房，使小地主的數量增加。有些成功的商人甚至會自備裝備、成為騎士，以對抗伊斯蘭勢力。

穆拉比特王朝和穆瓦希德王朝都是嚴格的伊斯蘭社會，在他們的統治下，許多猶太教徒遷移到基督教國家。這些猶太教徒居住的自治區就稱為「阿爾哈馬（aljama）」，他們為基督教國家的商業活動有著重大貢獻。

特別是被稱為「西班牙耶路撒冷」的托雷多城市，居住著大量猶太教徒。托雷多曾是西哥德王國的首都，自阿方索六世於西元一〇八五年從伊斯蘭勢力手中奪回後，基督教徒、莫扎拉布人和猶太教徒之間的交流就變得頻繁。在這樣的背景下，「托雷多翻譯學派」興起，許多伊斯蘭學術著作被翻譯成拉丁文，為歐洲西元十二世紀的文藝復興做出了重大貢獻。

進軍地中海

到了西元十二世紀中葉，亞拉岡聯合王國的人口增加，農業生產力提高。此外，亞拉岡聯合王國還通過亞歷山卓港和君士坦丁堡（現今伊斯坦堡）等港口作為中轉站，經營香料等地中海貿易，經濟蓬勃發展。

另一方面，亞拉岡聯合王國與法蘭西王國卡佩王朝的對立日益加劇。卡佩王朝覬覦亞拉岡王國在南法

當時的日本

1213（建暦3）年，身為有力御家人的和田義盛對鎌倉幕府發動叛亂，此即和田合戰。義盛為了打倒當時掌權的北條義時而舉兵，戰爭持續了兩天。幕府軍獲勝，使北條氏的政權更加穩固。

的領土，以鎮壓被視為基督教異端的阿爾比教派（否認耶穌基督的神性和部分《聖經》，也稱卡特里教派）為由發動攻擊。

結果，在西元一二一三年的戰爭中，亞拉岡聯合王國戰敗，失去了南法領土，國王佩德羅二世（Peter II of Aragon，作為巴塞隆納伯爵時稱佩拉一世）陣亡，國內陷入政治動盪。

繼任的海梅一世（James I the Conqueror）致力於加強王權，並為擴張領土而向地中海進軍。西元一二六二年，他在征服的巴利亞利群島建立馬約卡王國，並於西元一二四五年完成對瓦倫西亞的收復失地運動。

西元一二八二年，法蘭西王室安茹家族統治下的西西里王國，發生了一場叛亂「西西里晚禱」，佩德羅三世（Peter III of Aragon，佩拉二世）趁機占領了西西里島。

此外，加泰隆尼亞的僱傭軍團於西元一三一一年占領雅典公國，並於西元一三一九年又占領了新帕特雷公國，連希臘也被納入亞拉岡聯合王國的勢力範圍。

西元十三世紀，亞拉岡聯合王國為完善政治制度，設立了國王顧問會議這一諮詢機構，並整頓了地方行政制度，定期召開科爾特斯會議。

亞拉岡聯合王國的各個城市都設置了市參事會，作為城市自治的決策機構。其中，巴塞隆納不僅是加泰隆尼亞的主要城市，也是整個亞拉岡聯合王國的核心城市，對於爭取更大自治權的呼聲相當高漲。除了市參事會，還設置了作為其諮詢機構的「百人會議」。

大規模收復失地運動展開！

第三次泰法時代下，卡斯提亞國王斐迪南三世對安達盧斯展開了大規模的收復失地運動。成功於西元一二三六年攻下哥多華、西元一二四八年攻陷塞維亞，使這地區的主要城市都成為卡斯提亞王國的領土。

到了西元十三世紀中葉，被稱為安達盧斯的地區只剩下穆罕默德一世（Muhammad I of Granada）所建立的格拉納達奈斯爾王國。為了穩定王國，穆罕默德一世於西元一二四六年臣屬斐迪南三世。

好學的阿方索十世

在卡斯提亞王國，於西元一二五二年繼位的阿方索十世（Alfonso X of Castile）推動了國內法律和政治的統一，並致力於振興經濟，舉凡將牧羊業者的公會「梅斯塔（mesta）」重組為全國性組織等。

此外，阿方索十世在學術領域也有重大貢獻。他在塞維亞召集國內外的學者和詩人，編纂了以卡斯提亞語（西班牙語）撰寫的法學、歷史學等多門學科的著作。

孤立無援的格拉納達王國

格拉納達王國位於伊比利半島最南端，由奈斯爾王朝統治。然而自西元一二六〇年代以來，受到卡斯提亞王國的軍事入侵和馬格里布的馬林王朝干預，格拉納達王國一直處於動盪不安的狀態。

直到西元一三四〇年出現了轉機。格拉納達王國的優素福一世（Yusuf I of Granada）與馬林王朝結盟，在薩拉多河戰役中與卡斯提亞王國的阿方索十一世（Alfonso XI of Castile）軍隊交戰。儘管格拉納達王國和馬林王朝聯軍在這場戰役中失利，但卡斯提亞王國因瘟疫和內亂而陷入混亂，加上馬林王朝撤出伊比利半島，使格拉納達王國最終得以獨立。

成為導火線的黑死病

西元十四世紀，肆虐歐洲的黑死病也重創了伊比利半島。據說光是卡斯提亞王國，就損失了百分之十五到二十的人口。

受此影響，農民開始棄耕田園、移居城市；遭遺棄的土地被貴族收回，使大地主的土地擴大、加劇貧富差距。不僅如此，猶太人也開始遭到迫害。這些都成為讓卡斯提亞政局陷入危機的導火線。

西元一三五〇年，卡斯提亞國王阿方索十一世死於黑死病，佩德羅一世繼位。但他強硬地推行加強王權的政策，引起貴族的反彈，改而支持佩德羅一世的異母弟恩里克・特拉斯塔馬拉（Henry II of Castile）發動叛亂。

這場關於卡斯提亞王位的內戰，最後演變成牽涉周邊國家的國際紛爭。佩德羅一世獲得英格蘭和格拉納達王國的支援，而恩里克則獲得法蘭西王國和亞拉岡聯合王國的支持。

恩里克在戰事中占上風，於西元一三六九年在蒙鐵爾戰役中擊敗佩德羅一世。同年，恩里克即位成為恩里克二世，特拉斯塔馬拉王朝從此開始。

反猶太情緒高漲

當時，伊比利半島的猶太人主要居住在城市裡的猶太區（阿爾哈馬），享有信仰和生活自由；然而，隨著部分富有的猶太商人和銀行家崛起，基督教徒民眾開始將他們視為「貪婪的猶太人」。

黑死病流行期間，人們的不安情緒高漲，有謠言指控猶太人是破壞基督教社會的惡勢力，最終於西元一三九一年在塞維亞引發對猶太人的大規模集體暴力和殺戮事件，此即反猶騷亂（pogrom）。隨後，托雷多、哥多華等地也發生類似事件。

為了生存安全，部分猶太人放棄信仰而改信基督教，這些人被稱為改宗者（converso）。儘管如此，他們仍然受到當地基督徒的猜疑和敵視。在經濟和政治危機的背景下，改宗者也遭到迫害，社會的不安定因素進一步加劇。

日益壯大的特拉斯塔馬拉家族

卡斯提亞王恩里克二世繼位後，便優待支持他的貴族、打壓支持佩德羅一世的貴族，使得歷史悠久的貴族沒落、新貴族崛起。

在恩里克二世之後登基的胡安一世（John I of Castile），於西元一三八五年遠征葡萄牙、要求王位，但被葡萄牙軍隊擊敗。這場失敗使其權威盡失，為了穩定

特拉斯塔馬拉家譜圖

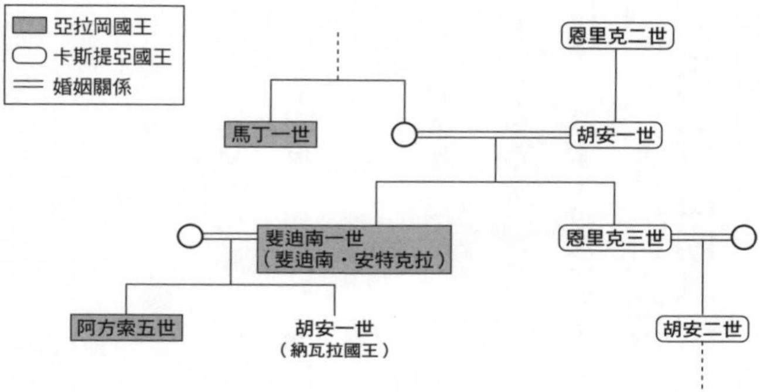

王權，胡安一世設立了由高階神職人員、貴族和法曹官僚（rectorado）所組成的國王顧問會議。

其後，繼任的恩里克三世（Henry III of Castile）為了鞏固王權，將有力貴族排除在國王顧問會議之外，改任用下級貴族。此外，他還派遣官員到市政會議，使國王的影響力擴及到市政層面。

西元一四〇六年，恩里克三世過世後，年僅二歲的胡安二世（John II of Castile）繼位，由恩里克三世的弟弟斐迪南・安特克拉（Fernando de Antequera）擔任攝政，其發言權也隨之增強。

當時，亞拉岡聯合王國的經濟和社會正面臨危機。西元一四一〇年，國王馬丁一世（Martin of Aragon）去世後無留下子嗣，因而推舉出多名王位候選人，造成貴族和地區之間的對立加劇。

為了避免爆發內戰，亞拉岡聯合王國的各個王國代表召開會議，商議下任國王的人選。最終選定卡斯提亞王國的斐迪南・安特克拉，由他即位為亞拉岡國王斐迪南一世（Ferdinand I of Aragon）。

卡斯提亞持續內亂

自恩里克三世執政以來，卡斯提亞王國的國王

當時的日本

1467（應仁元）年，由於室町幕府繼承人等問題，爆發了應仁之亂。各大名分別效忠細川勝元所率領的東軍，和山名持豐（宗全）所率領的西軍，戰火波及日本全國。這場紛爭一直持續到1477（文明9）年，最終以無明確勝利者告終。

顧問會議成員就愈來愈多國王派的下級貴族和法曹官僚。到西元十五世紀中葉，有力貴族認為國王權力過大，逐漸站在國王的對立面。

有力貴族試圖將當時的國王恩里克四世（Henry IV of Castile）廢黜，但維持治安的總都市同盟和羅馬教皇保祿二世（Pope Paul II）支持恩里克四世，貴族們只能無可奈何地接受。

西元一四六八年，為了讓雙方和解，恩里克四世向貴族讓步，並協議王位將傳給其同父異母的妹妹——伊莎貝拉（Isabella I of Castile），而不是他的女兒胡安娜（Joanna la Beltraneja）。

瀕臨破產的亞拉岡

斐迪南一世繼位成亞拉岡聯合王國的國王後，這個國家仍然處於危機狀態。瘟疫導致城市和農村人口大幅減少，工商業和農業的生產力隨之下降。收入減少的領主為了獲得更多收益，提高了土地使用費，引起農民的反抗。而在地中海貿易方面，加泰隆尼亞商人也敵不過熱那亞和葡萄牙商人。

斐迪南一世的長子阿方索五世（Alfonso V of Aragon）繼位後，試圖透過維持和擴大地中海貿易來克服危機。然而，為了維持地中海帝國，龐大的軍事開支加重了國家的財政負擔。與此同時的巴塞隆納，由商人和手工業者組成的布斯卡派（busca），因財政惡化而抨擊一直壟斷市政、由都市貴族組成的比加派（biga）。西元一四五三年，最終由布斯卡派獲得市政權，比加派則不斷掀起反對的聲浪。

西元一四五八年，阿方索五世去世，由其弟弟——原為納瓦拉國王的胡安一世繼承王位，是為胡安二世（John II of Aragon）。在他執政期間，巴塞隆納的派別鬥爭演變成波及整個加泰隆尼亞的內戰。

這場內戰始於西元一四六二年，導火線是王權與議會代表機構（Generalitat）的對立，以及農奴（ramensa）的起義。內戰歷時十年，卡斯提亞、法蘭西和葡萄牙都介入其中。直到西元一四七二年胡安二世奪回巴塞隆納，亞拉岡聯合王國才免於瓦解。

西班牙王國成立

之後將繼任王位的恩里克四世異母妹妹伊莎貝拉與反恩里克派的貴族有所聯繫，使得王國有再次內戰的危險。為了確保王位和避免內戰，伊莎貝拉決定與亞拉岡聯合王國的王儲斐迪南（Ferdinand II of Aragon）結婚。

對於當時的亞拉岡國王胡安二世來說，讓兒子斐迪南與伊莎貝拉結婚，可以與卡斯提亞結盟，向國內外展示自己有盟國的支持，藉此

收復失地運動末期的伊比利半島

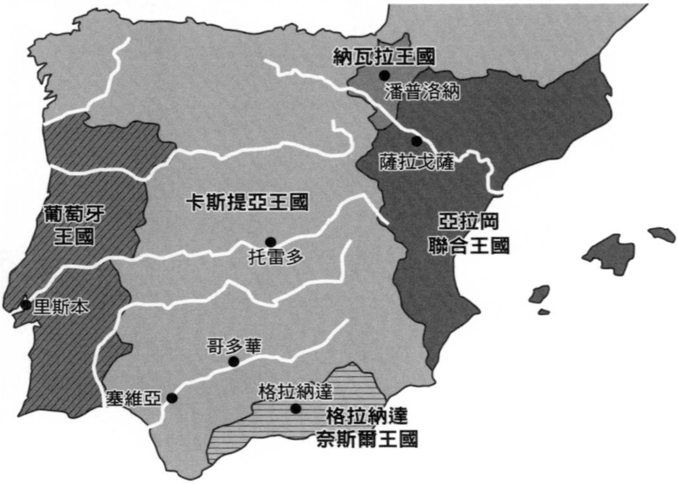

排除外國勢力介入內戰。

於是西元一四六九年，伊莎貝拉與斐迪南聯姻，伊莎貝拉於西元一四七四年繼位為卡斯提亞女王伊莎貝拉一世，斐迪南則於西元一四七九年繼位為亞拉岡國王斐迪南二世。自此，卡斯提亞王國和亞拉岡聯合王國組成了共主邦聯「西班牙王國」。

到了西元一五一二年，卡斯提亞王國併吞納瓦拉王國後，除了葡萄牙以外，伊比利半島上所有國家都納入了西班牙王國的版圖。

收復失地運動的終結

被基督教國家包圍的小國——格拉納達奈斯爾王國，之所以能倖存下來，全靠與熱那亞商人保持友好關係。這是因為格拉納達王國的臣民沒有足夠的農地維生，必須從熱那亞商人手中購買所需糧食。

然而，自西元十五世紀中葉開始，熱那亞商人以格拉納達沿海地區的治安惡化為由，停止與格拉納達王國進行貿易。這對格拉納達王國而言，無異於判了死刑。

西元一四九二年，穆罕默德十二世（Muhammad XII of Granada）無血開城，安達盧斯地區的伊斯蘭王朝就此消失。經過約八百年的收復失地運動，也因此在伊莎貝拉一世和斐迪南二世的手中完結。

耐人尋味的西班牙偉人❷

連伊斯蘭人都讚揚的騎士

熙德

El Cid

（1043？～1099）

驍勇善戰的西班牙民族英雄

以熙德聞名的西班牙英雄，本名為羅德里戈・迪亞斯・德・比瓦爾（Rodrigo Díaz de Vivar）。

他出生於布爾戈斯近郊，曾擔任騎士效命於桑喬二世和阿方索六世。西元1081年，熙德被驅逐出卡斯提亞王國後，開始為薩拉戈薩的泰法效力。儘管如此，熙德卻成了收復失地運動的關鍵人物，於西元1094年攻下瓦倫西亞，連當時敵對的伊斯蘭人都為他的武勇所折服，「熙德」這個稱呼就是勇者的意思。

後世許多文學作品都以這位民族英雄為題材，包括西元13世紀完成的西班牙最偉大史詩之一《熙德之歌（El Cantar de Mio Çid）》，以及西元17世紀法國劇作家皮耶・高乃依（Pierre Corneille）所寫的傳奇劇《熙德》。

chapter 3

日不落帝國

大航海時代

西元15世紀以後，隨著航海技術的進步，西歐各國紛紛開始探索歐洲以外的世界，開啟了「大航海時代」。其中作為先驅的國家，就是伊比利半島上的西班牙和葡萄牙。

大航海時代中，西班牙的發展中心即為卡斯提亞王國。自中世紀以來，卡斯提亞王國的造船和航海技術便不斷發展，再加上臨近大西洋的地理優勢，使其與歐洲北部的貿易相當興盛。此外，熱那亞的商人和德意志的金融業者，也在知識、技術和財政等方面為其提供支援。這些都為大航海時代奠定了基礎。

西班牙往歐洲以外地區擴張勢力的方向，大致可分為三個。

第一是北非沿岸地區。不過西班牙沒能在此獲得領土，只能確保軍事據點，作為航海時的中繼站。

大航海時代下的西班牙和葡萄牙

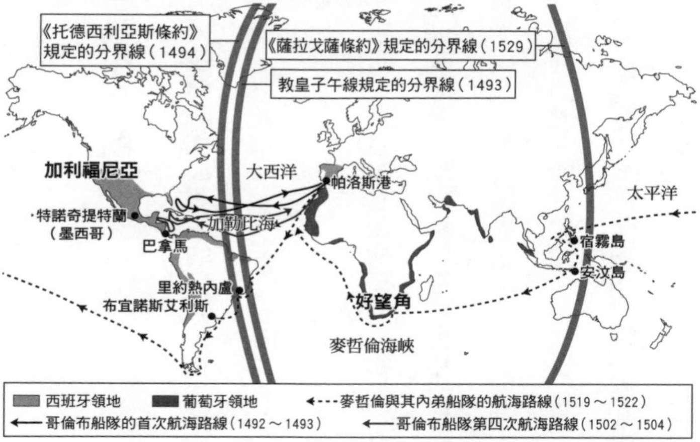

第二是美洲大陸。西班牙在此征服了阿茲特克和印加等民族，並屠殺大量原住民，將剩餘人口作為勞動力。此外，西班牙用這裡開採的銀礦，大量生產銀幣以與其他國家貿易。

第三是大航海時代本來的目標——亞洲。其中，菲律賓的馬尼拉成為距離西班牙本土最遠的貿易據點。參與亞洲貿易後，西班牙開始獲得中國的絲織品和陶瓷。

然而，廣大的海外勢力範圍也使西班牙遭到歐洲其他國家攻擊，有些港口被荷蘭、法蘭西和英格蘭奪去，但內陸殖民地大多仍由西班牙統治。

哥倫布的航海

大航海時代最著名的代表人物就是哥倫布（Christopher Columbus）。他出生於義大利熱那亞，對傳說中存在於印度、中國和日本的黃金深感興趣，決心前往亞洲。

起初，哥倫布向葡萄牙國王約翰二世（John II of Portugal）求助未果，才繼而向卡斯提亞女王伊莎貝拉一世和亞拉岡國王斐迪南二世尋求支持，但也一直未獲認可。

直到西元一四九二年，伊莎貝拉一世才決定資助哥倫布出發航海，並簽訂了《聖塔菲協議》，允許哥倫布行使總督和海軍上將的權力，可擁有發現的土地。

同年，哥倫布為了前往印度而第一次啟航，抵達了聖薩爾瓦多島、伊斯帕尼奧拉島等加勒比海島嶼(現今西印度群島),並將當地人稱為「印第安人(indio,西班牙語的印度人)」。

返回西班牙後,哥倫布再次出航。然而,他未能找到夢寐以求的黃金,也無法開拓土地;甚至因無法有效控制當地,被西班牙本國派來的官員逮捕、撤銷了海軍上將的職務。

儘管如此,哥倫布仍於西元一五〇二年展開了第四次航海,到達現今的哥斯大黎加、巴拿馬等大陸地區。但哥倫布堅持那裡是印度,直到生命的最後一刻都不承

認自己到達了一片歐洲人未知的新大陸。

西班牙與葡萄牙的分界線

事實上，在哥倫布第一次航海時，葡萄牙就聲稱哥倫布入侵了他們統治的領土。為了避免每次發現新土地都有所爭執，西班牙向羅馬教皇亞歷山大六世（Pope Alexander VI）尋求調解，於西元一四九三年劃定教皇子午線作為海外領土的分界線，以東為葡萄牙領地、以西為西班牙領地。

然而，這對西班牙過於有利，令葡萄牙不服，於是又在西班牙西北部的托德西利亞斯展開談判。西元一四九四年起，便根據《托德西利亞斯條約》重新劃定分界線，擴大葡萄牙的領地範圍。

不過《托德西利亞斯條約》並未涵蓋東半球，這使得西班牙和葡萄牙在東南亞的摩鹿加群島發生爭執。西元一五二九年，兩國再次簽訂《薩拉戈薩條約》規定亞洲地區的分界線，摩鹿加群島因此成為葡萄牙領土。

一國二君

在西班牙王國，亞拉岡聯合王國和卡斯提亞王國之間並沒有統一的法律、統治制度、議會、貨幣和稅收等。

伊莎貝拉一世和斐迪南二世為了加強王權，以實力較強的卡斯提亞王國為中心建國，但都沒有意願統一政權。他們強調兩人的力量是平等的，審判由兩人共同執行，法律相關文件也由兩人簽署。

此外，由於兩人都重視宗教統治，教皇亞歷山大六世於西元一四九六年授予他們「天主教雙王」

當時的日本

日本進入「下剋上」的時代。1495（明應4）年，伊勢宗瑞（北條早雲）擊敗大森藤賴，奪取了小田原城。其後，這座城池經過大規模擴建，成為易守難攻的堡壘，直到1590（天正18）年時被豐臣秀吉於小田原征伐中攻陷。

的稱號，建立起比貴族和神職人員更有權力的體制，為西元十六世紀廣大的西班牙帝國奠定了基礎。

不穩定的胡安娜

天主教雙王為了有利於外交關係，讓獨生子胡安（John, Prince of Asturias）娶了來自哈布斯堡家族的妻子。當時哈布斯堡家族的統治範圍廣大（包括荷蘭在內），是極有權勢的王室家族。此外，他們將四名女兒中的次女胡安娜（Joanna of Castile），嫁給了神聖羅馬帝國皇帝馬克西米連一世（Maximilian I, Holy Roman Emperor）的兒子費利佩（Philip the Handsome）。當時費利佩十八歲，胡安娜十七歲。藉由這兩次與哈布斯堡家族的聯姻，西班牙在歐洲的勢力得以擴大。

然而，胡安娜的精神狀況開始變得不穩定。原因是費利佩看不起西班牙是個野蠻國家，還發生了婚外情。此外，她的哥哥胡安去世，嫁到葡萄牙的姊姊伊莎貝拉

胡安娜一世的家譜圖

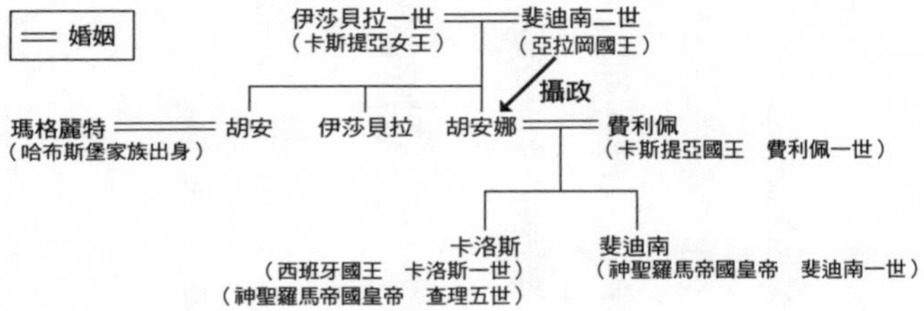

也過世了。

西元一五〇四年，胡安娜的母親卡斯提亞女王伊莎貝拉一世去世，胡安娜作為卡斯提亞王位繼承人，以胡安娜一世的名義即位。但由於精神失常、無法執政，由她的父親亞拉岡國王斐迪南二世擔任攝政，統治卡斯提亞。

將女兒軟禁

西元一五〇六年四月，費利佩自稱為卡斯提亞國王費利佩一世，與妻子胡安娜一世一同來到西班牙，開始與胡安娜一世共同統治，取代斐迪南二世。費利佩一世透過《比利亞法菲拉協議》確立自身王位，並將斐迪南二世遣返回亞拉岡聯合王國，試圖與一直和西班牙敵對的法蘭西建立友好關係。

然而，西元一五〇六年九月費利佩一世去世，斐迪南二世再次擔任胡安娜一世的攝政，重新執政卡斯提亞。由於胡安娜一世的精神狀況未見好轉，斐迪南二世便將她軟禁起來。最終，胡安娜一世在托德西利亞斯城堡度過了四十六年的餘生。

委託監護制

西班牙開拓美洲大陸的過程中，於西元一五〇三年引入了「委託監護制（Encomienda）」，這個制度發揮了相當重要的作用。

這個詞來源於西班牙的「委託（encomendar）」，是對印第安人的使役權。表面上禁止殖民者將美洲大陸的原住民——印第安人當作奴隸，卻以保護他們和傳播基督教為名，將印第安人的管理權委託給殖民者。因此，儘管印第安人不是奴隸，在當地仍被當作勞動力使用。西元一五一二年，還制定了《布爾戈斯法》，以統治新的殖民地。

在委託監護制下，印第安人遭到殘酷的剝削。道明會的拉斯·卡薩斯（Bartolomé de las Casas）等修士不斷向王室訴求保護印第安人的權利，終於在西元一五四二年通過新法，廢除委託監護制。然而，原本享有委託監護制的人極為反彈，使得這個制度成為不成文的規定、繼續存在。

十七歲初次踏上西班牙的國王

西元一五〇九年，斐迪南二世與法蘭西國王路易十二世（Louis XII）的侄女結婚，但他在西元一五一六年一月便去世，因此兩人並未擁有子嗣。

另一方面，胡安娜一世有兩個兒子。長子卡洛斯（Carlos I）在法蘭德斯（現今橫跨法國和比利時的地區）長大，次子斐迪南（Ferdinand I）則在卡斯提亞長大。

因此斐迪南二世逝世的同年三月，卡洛斯便在布魯塞爾宣布自己成為西班牙國王卡洛斯一世，此即哈布斯堡王朝統治西班牙約二百年的開端。

隔年九月，十七歲的卡洛斯一世首次踏上母親的故鄉——西班牙。對他而言，西班牙是全然陌生的國度。他從未見過祖父母天主教雙王，也不會說西班牙語。

後來，其父親神聖羅馬皇帝馬克西米連一世於西元一五一九年去世後，卡洛斯一世在選舉中擊敗對手——法蘭西國王法蘭索瓦一世（Francis I of France），得以兼任神聖羅馬皇帝，是為查理五世（Karl V, Holy Roman Emperor）。

查理五世統治了神聖羅馬帝國的領土，包括德

當時的日本

1517（永正14）年，毛利元就在有田中井手之戰中擊敗了武田元繁，為首次戰役打下漂亮的勝仗。其後，元就成為毛利家家主，陸續滅掉了大內氏、尼子氏等周邊有力大名，讓安芸（現今廣島縣）豪族一代就成為統治中國大部分地區的大名。

意志、尼德蘭地區（低地諸國，包括現今的荷蘭、比利時和盧森堡）等地，幾乎掌控了整個歐洲的霸權。自此，橫跨歐洲和美洲大陸的西班牙帝國時代開啟。

取締新教徒

西元一五一七年，德意志爆大規模運動——宗教改革，導火線是修士路德（Martin Luther）批評天主教會。這導致了基督教世界大分裂，並對政治、經濟、民族和文化等產生深遠影響。

在查理五世統治下的德意志和尼德蘭地區，天主教與從中分離出

來的新教之間的對立日益加深。

與此同時的西班牙，摩里斯科人（改信基督教的前伊斯蘭教徒）和猶太裔基督徒被懷疑是隱藏的伊斯蘭教徒或猶太教徒，而受到異端裁判所審查。不僅如此，新教徒也成了他們的審查對象。在這樣的背景下，西班牙的其他教派都被消滅了。

科特斯和皮薩羅的遠征

哥倫布之後，許多人都渡海前往美洲大陸，以求獲得香料、珍珠和貴金屬。這些人統稱為征服者（conquistador，出身西班牙、征服美洲大陸的探險家）。其中最著名的便是科特斯（Hernán Cortés）和皮薩羅（Francisco Pizarro）。

科特斯於西元一五一八年開始遠征，途中進入墨西哥內陸、抵達阿茲特克帝國。他在西元一五二一年以武力征服這個國家，並進一步攻打瑪雅文明的中心——猶加敦半島、瓜地馬拉和宏都拉斯。

科特斯的遠征路線

皮薩羅則於西元一五三一年從中美洲的巴拿馬出發，前往南美洲大陸，抵達當時橫跨現今的哥倫比亞、厄瓜多、秘魯、玻利維亞、智利和阿根廷的印加帝國。他殺害了印加國王阿塔瓦爾帕（Atahualpa），並於西元一五三三年征服了這個國家。

不僅如此，西班牙還在以阿根廷為中心的彭巴草原設置據點，向西推進在美洲大陸的殖民。除了現今的巴西，幾乎整個地區都成為西班牙的殖民地。

西元一五二四年，西班牙於本國

成立印度皇家最高議會（編註：簡稱印度議會。哥倫布誤以為美洲是印度，故西班牙人稱印第安人為印度人）以統治征服的領土，並在新西班牙（現今墨西哥）和秘魯設置總督。

皮薩羅與其部下的遠征路線

銀礦和強迫勞動

隨著美洲大陸的開拓，印第安貿易愈來愈興盛。每年春秋兩季，當地特產都會運回西班牙本國，包括菸草、胭脂蟲製的緋紅色染料（carmine）等，其中最重要的當屬貴金屬。

西元一五四五年，在秘魯總督轄區的波托西（現今玻利維亞）偶然發現銀礦，自此銀便成了西班牙的主要進口商品。西元一五五〇年代以後出現以水銀（汞）提煉銀的天井工藝，因此得以大量開採銀礦。

與此同時，殖民者紛紛向西班牙本國要求自由開採礦山的權利，作為交換需將五分之一的礦石上繳。基於有償的徭役制度「米塔制（Mit'a）」，殖民者獲得土地和原住民勞工，迫使當地原住民在礦山中進行強制勞動。

反對王權的起義

本就是西班牙國王的查理五世，在成為神聖羅馬皇帝後，統治力量變得更加強大。

西元一五二〇年，查理五世為了參加加冕禮而離開西班牙、前往德意志，並命令臣民繳納金錢以償還選舉資金等費用。

此舉引發了卡斯提亞北部和中部城市的反彈，爆發公社起義（Revolt of the Comuneros／Comunidades）人民要求查理五世撤銷這個命令，應優先考慮西班牙王國、而非神聖羅馬帝國的利益。

不過各地貴族都擔心叛亂會損害自身利益，紛紛表態支持國王。西元一五二一年四月的比利亞拉爾戰役中，有了貴族助力的國王軍擊敗叛軍，並處決叛軍領袖。

同一時期，瓦倫西亞和馬約卡也發生類似的叛亂，但都被平息了。

圍繞信仰自由的問題

查理五世自視為基督教世界的守護者，反對威脅基督教世界的伊斯蘭勢力，以及導致教會分裂的路德改革運動。

西元一五四五年，羅馬教皇保祿三世（Pope Paul III）在義大利召開特利騰大公會議（現今特倫托），反對重視《聖經》解釋的新教徒思想，重申傳統天主教不可分割教會與信仰的立場。然而，這仍然無法抑止新教思想的蔓延。

因此，西元一五五五年又在德意志舉行的帝國議會上達成了《奧格斯堡和約》，訂下「領土之主即宗教之主」的原則。換言之，神聖羅馬帝國內各邦國的君主可以自由選擇宗教信仰。

這項和約容許了新教路德派的存在，從而粉碎了查理五世將歐洲統一為天主教帝國的願望。

儘管如此，其子費利佩二世（Philip II of Spain）不願意承認信仰自由，仍堅決維護特利騰大公會議上確立的原則。

當時的日本

1555（弘治元）年，日本正處於戰國時代的漩渦中。這一年，武田信玄與上杉謙信在信濃（現今長野縣）的犀川發生激烈衝突，此即第二次川中島之戰。此外，毛利元就在嚴島之戰中擊敗陶晴賢，確立了作為安芸（現今廣島縣）戰國大名的地位。

國王是I人？

西元一五五六年，查理五世退位，將神聖羅馬帝國的領土和皇帝頭銜讓給弟弟斐迪南一世（Ferdinand I, Holy Roman Emperor）；其子費利佩二世則繼承了神聖羅馬帝國以外的所有領土，成為西班牙國王。

西班牙領土廣大，即使不包括神聖羅馬帝國，版圖仍橫跨美洲和亞洲。因為領土遍及全世界、任何時候都有領土處於白晝，使西班牙被譽為「日不落帝國」。

費利佩二世統治時期的歐洲

費利佩二世是個寡言的人，幾乎不離開辦公室，與喜好社交的父親個性截然不同。他與臣子保持距離，致力於首都馬德里的基礎建設，且很少離開西班牙王國，只會說西班牙語。

西元一五六三年，費利佩二世開始在馬德里附近的埃斯科里亞爾修建一座宮殿兼修道院，落成後就在那裡處理政務。埃斯科里亞爾宮象徵了當時輝煌的西班牙，現已成為世界遺產。

此外，從美洲大量開採的銀礦，讓費利佩二世得以組織大量僱傭兵作為西班牙的步兵隊，奠定了西班牙在歐洲稱霸的基礎。

他的目標與父親一樣，是實現歐洲的天主教統一。

在義大利戰爭中獲勝

西元十五世紀末期，西班牙和法蘭西王室因爭奪義大利領土而持續對立。西元一五五七年的聖康坦戰役中，費利佩二世擊敗了法蘭西的亨利二世（Henry II of France），西班牙從此占據優勢地位。

西元一五五九年，這場義大利之爭以簽訂和平條約《卡托－康布雷西和約》告終。根據這項條約，法蘭西放棄在義大利的擴張，由西班牙取勝。

受此戰爭影響，西歐各國紛紛開始在其他國家派駐外交使節並互相制衡，避免任何一國獨大。

勒班陀海戰

西元16世紀，西班牙為了爭奪地中海霸權，不斷與鄂圖曼帝國交戰。著名的鄂圖曼海軍是由前海盜巴巴羅薩（Hayreddin Barbarossa）所率領，在西地中海沿岸的勢力日益增強，將許多人擄為奴隸。

神聖羅馬帝國、羅馬教廷和威尼斯共和國組成聯合艦隊「神聖同盟」，企圖對抗鄂圖曼海軍，

卻在西元一五三八年的雷韋扎海戰中被徹底擊敗，地中海隨即落入鄂圖曼帝國的掌控下。

西元一五七〇年，鄂圖曼帝國從威尼斯共和國手中奪取賽普勒斯島，並攻擊馬爾他島。與此同時，北非沿岸中部的突尼斯也遭鄂圖曼帝國占領，費利佩二世見狀對鄂圖曼帝國發起戰爭。

隔年，西班牙與羅馬教廷、威尼斯共和國等結成新的神聖同盟，由費利佩二世同父異母的弟弟唐・胡安（John of Austria）擔任總司令官。

神聖同盟軍做好戰備後，於同年七月在義大利西北部的熱那亞會合，八月在拿坡里舉行出征儀式，九月在西西里島的墨西拿集結艦隊，準備與鄂圖曼帝國交戰。

當時的日本

勒班陀海戰爆發的1571（元龜2）年，日本的織田信長焚燒了位於比叡山的延曆寺。當時，反對信長的淺井氏、朝倉氏支持駐紮在延曆寺的僧兵，因此信長燒燬延曆寺，並據傳砍下所有僧兵的首級。

次月，神聖同盟艦隊與鄂圖曼帝國艦隊在地中海的勒班陀灣激烈交鋒，經數小時慘烈戰鬥，神聖同盟艦隊終於大獲全勝。這場勒班陀海戰的勝利，象徵著西班牙迎來了全盛時期。

殖民城市馬尼拉和蓋倫船貿易

大航海時代的西班牙帝國占領非洲和美洲之後，也將目光投向了亞洲。其中離西班牙本國最遠的據點，就是菲律賓的馬尼拉市，由羅培茲・德萊加斯皮（Miguel López de Legazpi）殖民而建。

西班牙與亞洲貿易所使用的銀錢，就來自其於南美殖民地獲得的銀礦。西班牙的大型帆船「蓋倫船（Galeón）」會每年一次在馬尼拉和墨西哥的阿卡普科之間往返，從阿卡普科向西航行，並以關島作為停靠港。

祕密專欄

西班牙的畫家

許多巨匠的作品傳世

西元一八三〇年代之後，西班牙美術開始揚名歐洲各國。在自由主義改革的浪潮下，貧困的修道院釋出大量藝術品，這些不同於法蘭西傳統主義派、有著神祕魅力的畫作因而引起人們的關注。

其中，西元一五四一年出生於克里特島的多米尼克・提托克波洛斯（Doménikos Theotokópoulos），以艾爾・葛雷柯（El Greco，意即希臘人）之名聞名。他的作品被譽為「西班牙最純粹的靈魂」，特徵是描繪的人物身型瘦長、整體色彩鮮豔，常使用如升天般的構圖，使畫作散發出神聖的氣息。他的作品深受故鄉希臘和義大利的影響，成為西方繪畫史上的一個頂峰。

西元一六二三年，當時年僅24歲的維拉斯奎茲（Diego Velázquez）為費利佩四世

●哥雅

●維拉斯奎茲

●艾爾・葛雷柯

（Philip Ⅳ of Spain）繪製肖像，成為著名的宮廷畫家。在宮中接觸各種傑作後，他將寫實主義和明暗法的風格融入古典表現手法中。

西元一七八九年，哥雅也終於當上心心念念的宮廷畫家。由於經歷過患病失聰、與知識份子來往交流等各種人生歷練，讓他得以揭露出隱藏在權威之下的人性本質。西元一八〇〇年代戰爭頻仍之際，他依舊持續創作出戰時充滿悲劇色彩的畫作。

進入西元二〇世紀，畢卡索發明了將多重視角融合於單一畫作的立體主義技法；達利（Salvador Dalí）成為超現實主義派的代表人物；米羅（Joan Miró）則追求獨特的抽象手法。這些畫家皆出身加泰隆尼亞，反映出該地區文化的獨特性。

耐人尋味的西班牙偉人③

被指控處決數千人的大法官

托馬斯・德・托爾克馬達

Tomás de Torquemada

（1420～1498）

西班牙異端審問制度的首任長官

西元1478年，羅馬教皇西斯篤四世（Pope Sixtus IV）認可西班牙異端審問制度後，由天主教雙王引入。目的是要肅清隱藏在改宗者中的猶太教徒，並透過天主教信仰來完全統一臣民和國家。

負責主持這項制度的首任大法官就是托馬斯・德・托爾克馬達，他曾擔任過塞哥維亞的聖十字修道院院長和伊莎貝拉一世的懺悔師。據説，他對被告人施以嚴刑拷打，以火刑處決了數千人，並將所有遺物燒燬，連灰燼也不剩。

不過，如今流傳下來如此殘暴的托爾克馬達和西班牙異端審問形象，可能是經過其他反西班牙國家的誇大。此外，俄羅斯作家杜斯妥也夫斯基（Fyodor Dostoevsky）的《宗教大法官》，據稱就是以托爾克馬達為原型。

chapter 4

從哈布斯堡家族到波旁家族

與低地諸國的紛爭

當時以現今荷蘭、比利時為主的尼德蘭地區（低地諸國）由十七省組成，是西班牙哈布斯堡王朝的領土；但受限於《奧格斯堡和約》，這地區仍無法實現天主教統一。費利佩二世統治時期，不僅迫害新教的喀爾文教派，還向當地人民課重稅，將工商利益都歸於西班牙本國，導致尼德蘭地區的人開始產生不滿。

西元一五六六年，喀爾文教派發起破壞聖像（耶穌基督和聖母瑪麗亞的雕像）運動。為了平息這場混亂，卡斯提亞的大貴族——阿爾瓦公爵（Duke of Alba）被派遣為尼德蘭總督，處決了反對費利佩二世統治的貴族們。

西元一五六八年，尼德蘭貴族發動叛亂，八十年戰爭（荷蘭獨立戰爭）爆發，領軍者即支持喀爾文教派的奧倫治親王威廉一世（William the Silent）。

繼任阿爾瓦公爵的勒克斯森（Luis de Requesens y Zúñiga）試圖調停戰爭，

卻沒能成功、由反叛軍占上風。直到唐•胡安和帕爾馬公爵（Alexander Farnese, Duke of Parma）領軍才扭轉戰局，於西元一五七九年在南尼德蘭（現今以比利時為主的地區）組成阿拉斯同盟，與西班牙談和。

另一方面，北尼德蘭的七個省（荷蘭、烏特勒支、熱蘭、海爾德蘭、上艾瑟爾、菲士蘭、格羅寧根）則於同年組成烏特勒支同盟，繼續推進獨立戰爭。西元一五八一年，這七省發表了否定費利佩二世統治權的宣言，成立尼德蘭七省聯合共和國（史稱荷蘭共和國），即為現今的荷蘭。

這場獨立戰爭過後，喀爾文教派眾多的北尼德蘭和天主教派為主的南尼德蘭，自此走上不同的結局。

與日本的貿易

從大航海時代開始，西班牙和葡萄牙的船隻也開始前往日本。西元一五八四年，西班牙的貿易船首先抵達長崎縣的平戶。

當時的日本稱西班牙人和葡萄牙人為「南蠻人」，與這些國家進行貿易就稱為「南蠻貿易」。西班牙和葡萄牙向日本出口中國產的生絲、絹織物、火槍、火藥、皮革、鐵、鉛、香料、毛織物等；日本則以出口銀為主，另外還出產刀劍、漆器和海產等。

此外，西班牙以耶穌會的方濟・沙勿略（Francis Xavier）訪日為契機，在日本推廣基督教（天主教）。

西元一五八七年，企圖統治九州地區的豐臣秀吉發現長崎已成為耶穌會的領地，因而開始打壓基督教。豐臣秀吉首先規定大名需經過許可才可信仰基督教。隨後在博多發布《伴天連追放令》，命令基督教傳教士必須在二十天內出境。「伴天連」源自葡萄牙語「padre」的音譯，指神父或傳教士。

不過，傳教和貿易被視為不同事物，因此《伴天連追放令》發布後，日本仍繼續進行南蠻貿易。這使得一些傳教士得以繼續留在日本，政策未能徹底執行。

西班牙與日本的貿易持續到江戶時代初期。後來，江戶幕府認為必須控管對外貿易以遏止基督教，於西元一六二四年開始禁止西班牙船隻入境，西班牙與日本的貿易也隨之終止。

深陷財政困難的境地

西元一五八〇年，西班牙併吞葡萄牙成為聯合王國，從而擴大版圖至葡萄牙在亞洲和巴西的領土。然而，壯大帝國形象的背後卻是沉重的債務問題。這場財政危機可追溯至費利佩二世的父親查理五世（卡洛斯一世）時代。

為應對國家財政危機，西班牙發行期限較長的公債（政府為彌補稅收不足而發行的債券），並向義大利和德意志的金融業者舉債。但由於利息不斷攀升，費利佩二世於西元一五五七年首度宣布破產，暫停國庫支付。他將大部分債務轉換為期限更長的公債，以抑制利息支出。儘管如此，財政狀況仍然未見好轉，西元一五六〇年再度宣布破產。

其後，西元班牙參與八十年戰爭（荷蘭獨立戰爭）、法國宗教戰爭（也稱胡格諾戰爭，為天主教徒與喀爾文教徒之間的戰爭），西元一五八八年又與英格蘭的無敵艦隊爆發海戰，開支都極為龐大。

西元一五九六年，西班牙再次宣布破產，並增加稅賦，如肉類、油、醋、酒的銷售稅《millones》，以彌補國家的損失，卻為臣民帶來沉重負擔。

西班牙無敵艦隊戰敗

北尼德蘭七省拒絕受西班牙統治，英格蘭女王伊莉莎白一世（Elizabeth I）便予以支持，甚至授予民間船隻《私掠許可證》，讓他們可以攻擊西班牙船隻和領土。

有鑑於此，西班牙不得不對抗英格蘭。於是費利佩二世派出約一百三十艘戰艦組成的「無敵艦隊（Armada Invencible）」前往英格蘭。

西元一五八八年，無敵艦隊自里斯本出航，在英法之間的多佛海峽遭到英格蘭無敵艦隊迎擊。英格蘭無敵艦隊不到一百艘，但機動性較佳；西班牙在遭受砲擊後，撤退時又遇上風暴，造成重大損失。儘管西班牙後來成功重建艦隊，卻仍是逐漸失去了制海權（在特定海域的軍事控制權）。

將事務委託給寵臣

費利佩二世晚年，由於對外戰爭失利和國內手工業衰退等因素，西班牙開始走向衰弱。儘管如此，費利佩二世仍保有國王的使命感，直到臨終前都在處理政務。

西元一五九八年九月，費利佩二世於埃斯科里亞爾宮逝世。他的繼承人費利佩三世（Philip III of Spain）是他與第四任妻子、神聖羅馬帝國皇帝馬克西米連二世（Maximilian II, Holy Roman Emperor）的女兒安娜（Anna of Austria）所生的兒子。

與父親不同，費利佩三世對政治缺乏興趣，將國政交由寵臣處理，造就了西元十七世紀西班牙政治特色——寵臣政治。其中一位寵臣萊爾馬公爵（Duque de Lerma）在外交上做出諸多貢獻，如於西元一六〇九年與荷蘭達成十二年休戰協定等和平舉措。然而，西元一六〇九年至一六一四年間，他將約三十萬名摩里斯科人逐出西班牙，使瓦倫西亞和亞拉岡失去許多技術高超的農民，經濟受到重大打擊。

西元17世紀西班牙與法蘭西王室的關係

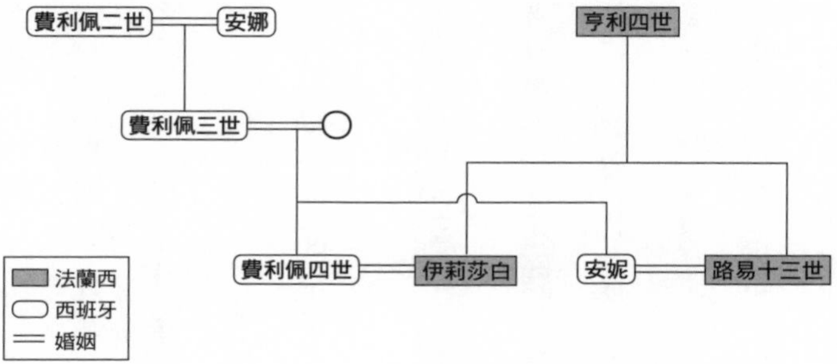

進入西元十七世紀，西班牙與法蘭西的對立仍在持續。不過，根據西元一六一一年雙方的協定，萊爾馬公爵於西元一六一五年將費利佩三世的女兒安妮（Anne of Austria）許配給法蘭西國王路易十三世（Louis XIII），並讓費利佩三世的兒子費利佩（Philip IV of Spain，後來的費利佩四世）娶亨利四世（Henry IV of France，路易十三世的父親）的女兒伊莉莎白（Elisabeth of France），藉此改善西班牙與法蘭西的關係。

農業危機

西班牙農業本來就技術落後、生產力低下，

進入西元十七世紀後，農村荒廢的情形又更加嚴重。

當時歐洲整體人口驟減、經濟大幅衰退，農民紛紛放棄耕地、離開村莊，引發了嚴重的糧食危機。尤其是卡斯提亞的穀倉地帶「Tierra de Campos」，西元一五八〇年至一六四〇年間，小麥產量就減少了約四成。此外，臨時雇用的農民人數大幅增加，生活陷入悲慘的境地。

奧利瓦雷斯公爵的行政改革

費利佩三世去世後，繼位的費利佩四世將國政交給寵臣奧利瓦雷斯公爵（House of Olivares）。奧利瓦雷斯公爵為了維持西班牙在國際社會的優勢地位，開始進行一連串的改革。

首先是在行政上推行中央集權化，將天主教雙王時期以來，雖同為西班牙卻維持各自政體的卡斯提亞王國和亞拉岡聯合王國，統一為卡斯提亞的政治形式。另外，他加強政權上的約束，審查官僚貪汙問題、禁止奢侈品，並關閉劇院和性產業等。

在財政上，則是減少官僚人員以削減人事費，並採取緊縮政策。

對外方面，奧利瓦雷斯公爵加強軍事力量，更加投入西元一六二〇年參戰的三十年戰爭，並拒絕更新與北尼德蘭七省的休戰協定，於西元一六二一年再次開戰。在此期間，他還提出「軍隊統合計畫」，向西班牙所有地區徵兵。

西元一六三五年開始，西班牙又與支持新教徒而介入三十年戰爭的法蘭西開戰。

當時的日本

1635（寬永12）年，德川家光修訂了《武家諸法度》，將參覲交替（編註：各藩大名需前往江戶替幕府將軍執行政務一段時間，再返回自己領土執行政務）義務化，並禁止建造大船。他還設置了寺社奉行（編註：宗教行政機關，管理佛寺、神社的各項事務）等，逐步完善統治制度。這些施政加強了對大名的控制力，為江戶時代265年的太平盛世奠定基礎。

法蘭西雖是天主教國家，但路易十三世統治時期的宰相——黎希留（Cardinal Richelieu）恐在三十年戰爭中獲勝的哈布斯堡王朝壯大，而選擇加入新教徒陣營。西班牙雖在法蘭德斯和法蘭西北部取得勝利，但西元一六四三年的羅克魯瓦戰役中，素有無敵之稱的西班牙步兵被法軍擊敗。

加泰隆尼亞起義

在加泰隆尼亞，人民對奧利瓦雷斯的政策，尤其是「軍隊統合計畫」極為不滿。在此背景下，西元一六四〇年六月，加泰隆尼亞農民因西班牙國王軍（卡斯提亞軍隊）的掠奪，而在巴塞隆納發動暴動（收割者戰爭），身為國王代理人的總督遭到殺害。

這起事件導致加泰隆尼亞地區的貴族等特權階層也參與反抗，於十月與法蘭西簽訂《防禦條約》，試圖脫離西班牙，並在西元一六四一年承認法蘭西國王路易十三世為巴塞隆納伯爵。

然而，法軍的掠奪行為引起民眾強烈反彈，加上疲於戰爭和瘟疫肆虐，人民開始升起反戰情緒。西元一六五二年，巴塞隆納的叛亂勢力向西班牙投降，反抗運動宣告結束。

兩場戰爭結束

始於西元一六一八年的三十年戰爭持續了很長一段時間，終於在西元一六四八年簽訂《西發里亞和約》，為這場戰爭畫下休止符。這項條約使荷蘭共和國獨立獲得國際承認。

另一方面，三十年戰爭結束後，西班牙與法蘭西的戰爭仍在持續。直到西元一六五八年的敦克爾克戰役（沙丘戰役）中，西班牙軍隊被法軍擊敗，於西元一六五九年簽訂《庇里牛斯條約》，終於達成和平。

根據這項條約，西班牙割讓給法蘭西靠近邊境的魯西永和一半的塞爾達尼亞等地區。此外，條約中訂下了費利佩四世之女瑪麗・泰蕾莎（Maria Theresa of Spain）與法蘭西國王路易十四世（Louis XIV）的婚約，且西班牙必須給法蘭西鉅額嫁妝。雖然西班牙同意了，但最終無法付清。

葡萄牙獨立

自西元一五八〇年起，葡萄牙就成為西班牙的一部分。然而，西元一六四〇年加泰隆尼亞發生叛亂時，葡萄牙反對西班牙下令出兵鎮壓，並推舉布拉干薩公爵為國王約翰四世（John IV of Portugal），宣布獨立。迫使西班牙不僅要鎮壓加泰隆尼亞的叛亂、應付與法蘭西的戰爭，還得處理葡萄牙的問題。

在西班牙強烈的攻勢下，葡萄牙於西元一六五〇年開始做出讓步，向同樣陷入戰爭的英格蘭開放殖民地貿易等，以達成和約、獲得英格蘭支持。

逐漸減少的西班牙領土

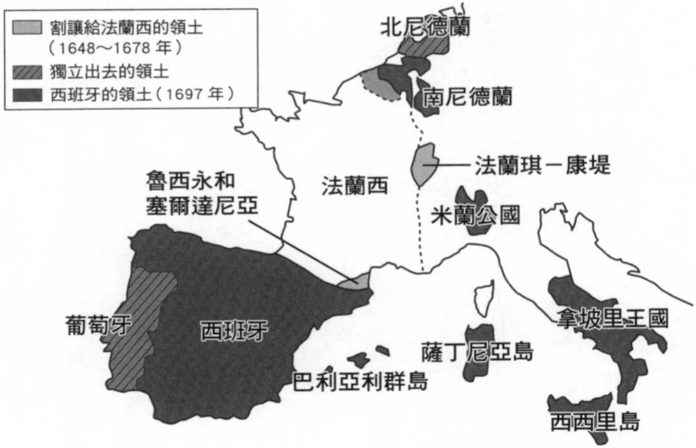

葡萄牙的獨立戰爭一直持續到約翰四世的繼任者阿方索六世（Afonso VI of Portugal）時期，直到西元一六六八年，在英格蘭的斡旋下簽訂《里斯本條約》才成功獨立。西班牙承認葡萄牙獨立的同時，也失去了包括巴西在內的殖民地。

由誰繼承西班牙？

路易十四世統治時期的法蘭西，自西班牙國王費利佩四世時代，就持續對西班牙發動戰爭、奪取領土並施壓。至繼任費利佩四世的卡洛斯二世（Charles II of Spain）時期，情況依舊如此。

卡洛斯二世生來體弱多病，無法留下繼承人，因此在生前就有人討論誰應該成為下一任國王。起初，奧地利哈布斯堡家族的約瑟夫・斐迪南（Joseph Ferdinand of Bavaria）被定為下任國王，但他在西元一六九九年便去世了。西元一七〇〇年，卡洛斯二世過世，西班牙哈布斯堡王朝終於斷絕。卡洛斯二世在遺囑中指定路易十四世的孫子、波旁王室的費利佩（Philip V of Spain）為繼承人，條件是費利佩必須放棄法蘭西王位繼承權，這份遺囑最終獲得承認。

然而，當費利佩實際繼位為西班牙國王費利佩五世後，路易十四世便暗示其有可能繼承法蘭西的王位。奧地利哈布斯堡家族對此表示反對，神聖羅馬帝國皇帝約瑟夫一世（Joseph I, Holy Roman Emperor）的弟弟——查理大公（Karl III）自稱是合法的西班牙國王卡洛斯三世。為了維持歐洲各國勢力平衡，英國、荷蘭和葡萄牙組成大同盟，支持查理大公。

西班牙王位繼承戰爭時期的歐洲

於是西元一七〇一年，西班牙王位繼承戰爭爆發。這場戰爭不僅是一場席捲歐洲各國的國際戰爭，也是西班牙的內戰。亞拉岡、加泰隆尼亞和瓦倫西亞支持查理大公，卡斯提亞等其他地區則支持費利佩五世。

國際戰場上，由大同盟陣營占上風；但西班牙國內，則是由費利佩五世一方進展順利。西元一七〇七年，亞拉岡和瓦倫西亞都宣布投降。

轉折點出現在西元一七一一年。約瑟夫一世去世後，查理大公繼任神聖羅馬帝國皇帝，成為查理六世（Charles VI, Holy Roman Emperor）。英國擔心查理六世兼任西班牙國王會破壞歐洲的勢力平衡，因此希望與費利佩五世達成和解。

最終，西班牙內戰在西元一七一三年簽訂《烏特勒支條約》下告終。西元一七一四年又簽訂了《拉什塔特和約》，結束國際上的戰爭。費利佩五世以放棄法蘭西王位繼承權作為條件，獲得各國承認為西班牙國王，現今的西班牙波旁王室由此開始。此外，西班牙割讓了對地中海航運相當重要的直布羅陀和梅諾卡島給英國，將南尼德蘭、米蘭公國、拿坡里王國和薩丁尼亞島割讓給神聖羅馬帝國。

西元一七一四年九月十一日，抵抗到最後的加泰隆尼亞城市——巴塞隆納也陷落了，西班牙王位繼承戰爭終於真正結束。

戰後，西班牙國王費利佩五世為了實現中央集權化，頒布了《新基本法令》，廢除亞拉岡、瓦倫西亞，尤其是加泰隆尼亞地區的地方特權（fuero），並將因地制宜的體制和習俗等都瓦解，強行統一成卡斯提亞政體。

向法蘭西靠攏

西元一七三三年，波蘭國王奧古斯特二世（Augustus II the Strong）去世後，隨即爆發波蘭王位繼承戰爭。西班牙與法蘭西一同支持法蘭西國王路易十五世（Louis XV）的岳父——斯坦尼斯瓦夫・萊什琴斯基（Stanisław Leszczyński）。這場戰爭以奧古斯特二世之子奧古斯特三世（Augustus III of Poland）成為波蘭國王而告終，並於西元一七三八年簽訂《維也納條約》。西班牙獲得了拿坡里和西西里，但將帕爾馬和皮亞琴察割讓給奧地利。

西元一七四〇年的奧地利王位繼承戰爭中，西班牙與法蘭西一同參戰。這場戰爭以西元一七四八年簽訂的和平協定《亞琛條約》告終，西班牙從交戰國奧地利手中收復了在波蘭王位繼承戰爭中割讓的帕爾馬、皮亞琴察等地。

在北美大陸，英法於西元一七五四年爆發殖民地戰爭（英法北美戰爭）。西班牙於西元一七六一年加入法蘭西陣營，卻慘遭英國攻擊而被占領古巴等地，由英國占據優勢。與此同時，法蘭西從西元一七五六年開始參與七年戰爭。西班牙在這場戰爭中也加入法蘭西陣營，於西元一七六二年與一同入侵葡萄牙，但被獲得英國等國支援的葡萄牙擊退。

最終，法蘭西在英法北美戰爭等殖民地戰爭中失利，於西元一七六三年與英國、西班牙簽訂《巴黎條約》。根據這項條約，西班牙從英國手中收復了古巴，但將北美的佛羅里達割讓給英國，放棄在美洲大陸的殖民地權益。另外，西班牙從法蘭西手中獲得了位於北美、密西西比河以西的路易斯安那地區。

啟蒙改革

繼承費利佩五世王位的斐迪南六世（Ferdinand VI），在強化軍隊、改革財政、振興文化等多有貢獻。他去世後，由卡洛斯三世（Charles III of Spain）於西元一七五九年繼任。卡洛斯三世原為拿坡里國王卡洛七世（Carlo VII of Naples），受到啟蒙思想（主張理性主義）的影響，推動了各種改革措施。

首先在農業方面，為了安定西班牙中部和南部地區的佃農（向地主租借土地的農民），嘗試將他們轉變為自耕農（擁有耕地和牲畜，自行從事經濟活動的農民）。雖然最後因遭到舊有農地地主的反對而以失敗告終，但在新開拓的地區取得了一定的成果。

工業方面，舊有的行會被認為阻礙自由經濟而飽受批評，但卡洛斯三世並

未將其解體，而是採取保護特產製造過程的政策，排除行會的參與。其中在紡織業上，將紡紗工作交給農村居民，希望藉此活絡工業並增加農家收入，加泰隆尼亞地區的棉紡織業也因此蓬勃發展。

貿易方面，由於財政困難而難以降低關稅，加上無法與英國等國外產品的價格競爭，因此繼續維持保護貿易政策。不過與此同時，與拉丁美洲之間的貿易則朝自由化方向發展。

除了產業改革之外，還涉及了社會福利和教育。尤其是開始重視基礎教育，以提升平民階層的生活和文化水準。

不過，西班牙王室所進行的各項改革，目的都是為了鞏固和穩定絕對君主制。此外，這些改革也沒有從根本上解決政治與宗教之間的關係。

對西班牙王室而言，王權等同於擁有宗教權，因此試圖讓國內所有教會都臣服於己，甚至將主張羅馬教廷至高無上的耶穌會教士逐出西班牙。

收復佛羅里達

西元一七七五年，北美大陸上爆發了美國獨立戰爭。隔年，美國便宣布獨立，並於西元一七七八年與法蘭西結盟。美國在西元一七八一年的約克鎮圍城戰役取得勝利後，於西元一七八三年簽訂的《巴黎條約》下成功獨立。

西元一七七九年，西班牙加入美國陣營，與法蘭西聯手包圍直布羅陀（在西班牙王位繼承戰爭中被英國奪走的領土），給予英國重創。

繼《巴黎條約》，英法與西班牙又簽訂了《凡爾賽和約》。西班牙成功從英國手中收復西班牙王位繼承戰爭中失去的梅諾卡島，以及七年戰爭中割讓的佛羅里達。

動盪的拉丁美洲

在拉丁美洲，由於西班牙人的殘酷剝削，以及從歐洲傳入的疫病，導致當地原住民印第安人的數量驟減。為了補充缺少的勞動力，歐洲的殖民母國開始從非洲大陸帶來黑人奴隸。黑人奴隸主要被強迫在礦場或大規模農園裡工作。

如此一來，拉丁美洲殖民地便形成了複雜的社會結構，人口組成包括白人、印第安人、黑人，以及各種混血人種，如：麥士蒂索人（白人與印第安人的混血）、穆拉托人（白人與黑人的混血）、桑博人（印第安人與黑人的混血）。

進入西元十八世紀後期，西班牙本國開始加強對拉丁美洲地區的統治。面對這種情況，拉丁美洲的居民深感不滿，爆發了大規模的反抗運動。西元一七八〇年，印加帝國最後的皇帝圖帕克・阿馬魯（Túpac Amaru）的後裔——圖帕克・阿馬魯二世（Túpac Amaru II）發動了一場叛亂，影響範圍從現今的秘魯蔓延到哥倫比亞、委內瑞拉、玻利維亞和阿根廷，動搖了西班牙的統治體制。

西元一七八一年，因不滿西班牙參與美國獨立戰爭而增稅，以拉丁美洲出生的白人商人為中心，在新格拉納達總督轄區（現今哥倫比亞）爆發了人民反抗運動。

法國大革命爆發

在卡洛斯三世的兒子卡洛斯四世（Charles IV of Spain）執政期間，西元一七八九年爆發了法國大革命。卡洛斯四世的心腹——首相戈多伊（Manuel Godoy）試圖拯救法蘭西國王路易十六世（Louis XVI），但西元一七九三年一月路易十六世便被處決了。

其後，西班牙加入英國提倡的第一次反法同盟。在西元一七九三年開始的抗法戰爭中，巴斯克和加泰隆尼亞地區成為了主要戰場。

這場戰爭加重了西班牙的財政負擔。因此，當法國成立督政府以取代國民議會後，西班牙便採取了靠攏法

當時的日本

1794（寬政6）年，西班牙與法國交戰之際，在日本突然出現一名浮世繪師——東洲齋寫樂，並發表了獨樹一格的演員肖像畫等作品。然而，他僅活躍了10個月就銷聲匿跡。關於其真實身分，至今仍有各種説法流傳。

國的政策。在西元一七九五年簽訂的《巴塞爾和約》下，西班牙與法國之間恢復了和平關係。

對戈多伊的不滿達到高峰

西元一七九九年，西班牙首相戈多伊與當時在法國掌權的拿破崙（Napoleon Bonaparte）同一步調，導致西班牙與英國敵對。此外，西元一八〇四年在全民公投下，拿破崙成為法蘭西第一帝國的皇帝，是為拿破崙一世（Napoleon I）。

為此，英國組建了第三次反法同盟。拿破崙為了攻擊英國本土，派遣了與西班牙聯合的艦隊前往英國，但在西元一八〇五年的特拉法加海戰中，被率領英國艦隊的納爾遜海軍上將（Horatio Nelson）擊敗。

經此一役，從西元十八世紀中葉開始重建的西班牙艦隊遭到摧毀、海路被阻斷，西班牙與拉丁美洲的貿易也隨之中斷。

在這種情況下，拿破崙於西元一八〇六年頒布了《大陸封鎖令》，禁止歐洲各國與英國通商，企圖孤立英國。不僅如此，他還打算征服英國的同盟國葡萄牙，以免其妨礙這項計畫。為此法國要求西班牙，讓法軍通過西班牙領土前往葡萄牙。

西元一八〇七年，戈多伊接受了拿破崙的《楓丹白露條約》，條件是事後西班牙得以占領葡萄牙部分領土。

然而，拿破崙不僅率領軍隊通過，還在西班牙駐紮，這引起了西班牙民眾的憤怒。此外，以後來繼位的斐迪南七世（Fernando VII）為首、一些厭惡戈多伊的貴族們開始挑動民眾的情緒，促使西元一八〇八年三月在西班牙中部首都馬德里附近的阿蘭胡埃斯，發生了針對戈多伊的暴動。

這起事件過後，戈多伊下台，卡洛斯四世也被迫退位。

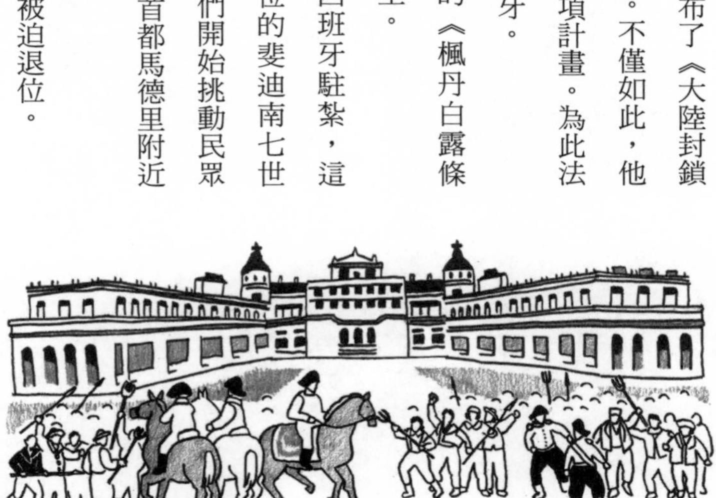

祕密專欄

西班牙的國旗、國徽、國歌

展現濃厚歷史色彩的設計

西班牙國旗濃縮了其淵遠流長的歷史，起先源自於西元一七八五年的海軍旗，於西元一九八一年確立成現在的國旗。

整面國旗由金黃色和上下兩側的紅色組成。金黃色代表了西元六世紀時期西哥德王國的英勇，紅色象徵了西班牙人為保衛國家而流的鮮血。

中間靠左的國徽，由代表伊比利半島的五個古老王國盾徽組成，分別是城堡、戴王冠的獅子、黃底加上四條縱向紅條、鏈狀十字、石榴果實與葉子。

國徽中央的三朵鳶尾花，代表了波旁王室；上方和右側柱子頂部的王冠代表西班牙的君主制，左側柱子頂端的王冠則代表了神聖羅馬帝國的皇帝。環繞兩根柱子的紅絲帶上寫著拉丁文「Plus Ultra（更遠之地）」，象徵著由卡洛斯一世（查理五世）開始建立起龐大的

●國旗
被稱為「血與金之旗」。

●國徽
左右兩根柱子被稱為海格力斯之柱。

西班牙帝國。

西班牙國歌《皇家進行曲（Marcha Real）》沒有歌詞，原名為《擲彈兵行進曲（La Marchar Granadera）》（擲彈兵為近代歐洲陸軍中的精銳步兵）。西元十八世紀中葉開始，就會在王室的正式場合上演奏。但直到最近的西元一九九七年，才正式成為西班牙的國歌。

西元二十世紀初由阿方索十三世（Alfonso XIII）統治的時期，以及後來佛朗哥（Francisco Franco）執行獨裁統治的時期，這首《皇家進行曲》曾有過不同的歌詞版本。此外，西班牙也曾以其他歌曲作為國歌。不過，現在官方正式採用的國歌是無歌詞版的《皇家進行曲》。

名作《唐吉訶德》的創作者

米格爾・德・塞凡提斯

Miguel de Cervantes

（1547～1616）

開創現代小說的先驅

塞凡提斯出生於貧窮的外科醫生（父）家庭，於西元1569年成為義大利的士兵。據說他在勒班陀海戰中英勇作戰時所受的傷痕，是他一生引以為傲的榮譽。西元1575年，塞凡提斯被鄂圖曼帝國的海盜俘虜，直到西元1580年才獲釋。

西元1585年，塞凡提斯出版了他的第一部小說《伽拉泰亞（La Galatea）》。之後，他也寫了一些劇本，但這些作品都未獲得好評。直到西元1605年出版《唐吉訶德》前篇才大獲好評，西元1615年又出版了第二部《唐吉訶德》後篇。

《唐吉訶德》被視為現代小說的濫觴，至今仍在世界各地廣受歡迎，發行量僅次於《聖經》。故事敘述一位年邁的騎士在追尋理想的過程中屢遭挫折，但仍堅持不懈，似乎反映了作者塞凡提斯自身的人生歷程。

chapter 5

叛亂和獨立四起的十九世紀

波拿巴王朝成立

西元一八〇八年，西班牙爆發了反對戈多伊政權的暴動，導致卡洛斯四世被其子斐迪南趕下台，斐迪南七世即位。

拿破崙得知此事後，將卡洛斯四世與斐迪南七世父子邀請到靠近西班牙邊境的法國西南部城市貝雲，並藉機強迫他們放棄王位。

西元一八〇八年五月二日，當西班牙其他王室成員也被迫要前往法國時，群眾聚集在宮殿前試圖阻止，與法軍發生衝突。

然而，這場抵抗很快就被法軍鎮壓。五月二日至三日這段期間，有數百人遭到槍殺。後來，西班牙畫家哥雅以名畫《一八〇八年五月三日夜槍殺起義者（The Third of May 1808）》留下當時慘案的景象。

其後，拿破崙讓他的哥哥約瑟夫・波拿巴（Joseph Bonaparte）繼任西班牙國王，是為荷西一世（Joseph I），並在貝雲召開西班牙議會，頒布由法國制定的《貝雲憲章》，確立波拿巴王朝在西班牙的統治權。

於是，在荷西一世的統治下，西班牙建立起親法的溫和自由主義改革政權。然而，大多數西班牙人都拒絕承認荷西一世為國王，因而爆發反拿破崙的西班牙獨立戰爭。

對抗拿破崙

西班牙為抵抗法國的入侵，展開了獨立戰爭。在擺脫法國統治的地區，組成了地區評議會作為抵抗組織，後來又按地方整合成地方評議會。

西元一八〇八年九月，由地方評議會代表組成的政府機

構——最高中央評議會於阿蘭胡埃斯成立，以對抗荷西一世的親法政權。

最高中央評議會匯集了不同立場的人，包括以求恢復絕對君主制的貴族和神職人員，以及想擺脫舊體制、實行議會政治的知識份子和被稱為布爾喬亞（意即資產階級）的自由主義者等。他們的共同目標，就是讓斐迪南七世國王返回西班牙。

在英國和葡萄牙的同盟力量下，評議會在這場西班牙獨立戰爭中占據優勢地位。西班牙人民的抵抗運動迫使荷西一世一度從首都馬德里撤離，但形勢在拿破崙親征西班牙後發生逆轉。

拿破崙在西元一八〇八年十二月占領馬德里，讓荷西一世重返首都，於西元一八〇九年一月才返回法國。然而，從西元一八〇九年初到西元一八一一年底，法軍就陸續占領了西班牙的主要城市。

話雖如此，法軍也飽受西班牙各地民眾所發動的游擊戰之苦，波拿巴王朝最終仍是未能控制整個西班牙。

現代議會成立

面對法軍的猛烈攻勢，最高中央評議會從阿蘭胡埃斯逃往西南部的塞維亞，再轉移到南部港口城市卡迪斯。

西元一八〇九年十月，最高中央評議會呼籲召開議會，但由於戰況惡化且無力指導戰爭，於西元一八一〇年初將權力移交給由五人組成的攝政委員會，在召開議會前就自行解散了。攝政委員會於西元一八一〇年九月在卡迪斯召開臨時國家議會，卡迪斯議會即為西班牙第一個現代議會。

議員原本應該由各地區選出，但在法軍占領區難以進行選舉，因此由逃至卡迪斯避難的各地區人士作為代表議員。主導議會的是來自不同職業的自由主義者，如：律師、知識份子、貴族、神職人員和商人等。不過，議員中有三分之一是神職人員，農民和工人則完全沒有代表議員，這反映出議會屬於保守派。

獨立戰爭時期的西班牙

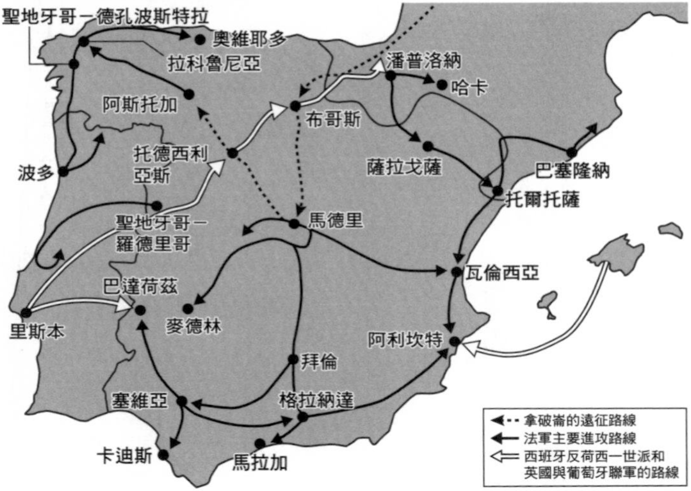

獨立戰爭的結果

西元一八一二年至一八一三年期間，西班牙反對荷西一世的勢力，與英國和葡萄牙的聯軍合作，在對抗法軍的戰役中連戰連勝。這也受到拿破崙遠征俄羅斯失利，而減少駐紮在西班牙的軍隊所影響。

在國內外情勢都趨於不利的影響下，荷西一世於西元一八一三年六月退位。同年十月，在萊比錫戰役中，法軍也被俄羅斯、奧地利和普魯士等國的聯軍打敗。

隨後十二月，根據《瓦朗賽條約》，承認了斐迪南七世復位。法軍於西元一八一四年前完全撤出西班牙，這場獨立戰爭以西班牙（反荷西一世派）獲勝而告終。

西班牙第一部憲法

卡迪斯議會宣稱主權在國會，旨在廢除舊有統治體制並推動現代化改革。從廢除領主審判權（領主在其領地內有行使審判的權力）和禁止酷刑等措施都可看出。

西元一八一二年三月，西班牙人首次自行制定了自由主義憲法——《卡迪斯憲法》。其中包含了立憲君主制、男性普選制等內容，重視個人自由和權利。不過，《卡迪斯憲法》仍保留了一些保守面向，例如將天主教定為國教，不承認宗教自由。

西元一八一四年一月，參與卡迪斯議會的自由主義者遷至首都馬德里，準備舉行儀式，讓斐迪南七世接受《卡迪斯憲法》。

然而，斐迪南七世於西元一八一四年三月返回西班牙後，便宣布恢復絕對君主制、鎮壓自由主義者，並頒布王令宣告《卡迪斯憲法》和卡迪斯議會作為皆無效。

殖民地也掀起獨立運動

自大航海時代以來，西班牙便在拉丁美洲獲得廣大殖民地。從北美洲的墨西哥到中美洲，再到葡屬巴西以外的整個南美洲，都受到西班牙掌控。

在西班牙本土遭到拿破崙入侵期間，自然也削弱了對拉丁美洲殖民地的控制力，使殖民地的獨立運動四起。領導獨立運動的，正是不滿自身待遇與半島人（peninsular，在西班牙本土伊比利半島出生的白人）不同的克里奧爾人（creoles）。

位於北美洲的墨西哥，在神職人員伊達爾哥（Miguel Hidalgo y Costilla）的領導下，印第安人和麥士蒂索人於西元一八一〇年發動了起義。不過，這場起義未獲大多數克里奧人統治階層支持，因而以遭到鎮壓收場。

然而，西元一八二〇年由拉斐爾・德爾里耶哥（Rafael del Riego）在西班牙本土發起政變（pronunciamiento）並取得了成功。其後，在不滿西班牙本土自由主義政策的克里奧爾人主導獨立運動下，墨西哥於西元一八二一年獨立。

拉丁美洲各國的獨立

與此同時的南美洲，委內瑞拉出身的玻利瓦（Simón Bolívar）與阿根廷出身的聖馬丁（José de San Martín），分別在南北展開獨立運動。在聖馬丁的領導下，秘魯於西元一八二一年宣告獨立，但不被

西班牙承認。有鑑於此，聖馬丁向玻利瓦請求支援，秘魯獨立運動便全權交由玻利瓦率領了。

西元一八二四年，玻利瓦與其部下蘇克雷（Antonio José de Sucre）在阿亞庫喬戰役中擊敗西班牙軍隊，秘魯終於確定獨立。不僅如此，這場大勝仗也讓拉丁美洲各國得以脫離西班牙。

西元一八一〇年至一八二〇年代期間，許多拉丁美洲國家都成功獨立了。

西班牙立憲革命

西元一八二〇年一月一日，軍人里耶哥於西班牙本土發起政變，要求恢復《卡迪斯憲法》。這一影響波及全國，斐迪南七世只好於西元一八二〇年三月承認《卡迪斯憲法》。

同年七月議會召開，由占多數的自由主義者組成政府。新政府推行了在卡迪斯議會時期僅止於宣言階段的自由主義政策，諸如廢除異端審判制度等等。

然而，致力於恢復絕對君主制的勢力不斷抵抗，加上自由主義者內部出現分歧，導致國內陷入混亂。

拿破崙垮台後，歐洲在維也納會議下回到了更久遠之前的保守封建體制，英國、法國和俄羅斯等強國都開始防止西班牙的自由主義運動蔓延。西元一八二二年，各國於義大利的維洛納召開會議，由法國受委託對西班牙進行軍事干預。

西元一八二三年四月，法軍入侵西班牙，自由主義政府帶著斐迪南七世從首都馬德里撤至塞維亞、卡迪斯，繼續抵抗。

當時的日本

德國人西博爾德（Philipp Franz von Siebold）於1823（文政6）年以荷蘭商館員的身分來到日本。5年後，西博爾德因試圖將伊能忠敬繪製的日本地圖帶出國而遭驅逐。當時，許多與此事有關的日本人也受到嚴厲懲罰。

然而，西元一八二三年九月，自由主義政府便因為不敵法軍而釋放了斐迪南七世。同年十月，西班牙的王權復辟、里耶哥遭到處決。最終，為期三年的自由主義政府在其他各國的干涉下被壓垮。

卡洛斯戰爭

斐迪南七世無子嗣，因此原定的繼任者將會是其弟卡洛斯・瑪麗亞・伊西德羅（Infante Carlos María Isidro of Spain）。然而西元一八三〇年，斐迪南七世與第四任妻子瑪麗亞・克莉絲蒂娜（Maria Christina of the Two Sicilies）生下了女兒伊莎貝拉（Isabella II），促使他恢復波旁王朝建立時被廢除的女性王位繼承權，並指定伊莎貝拉為下任女王。這項舉措遭到支持絕對君主制的保守派反對，紛紛支持卡洛斯。為了保護女兒的王位繼承權，瑪麗亞・克莉絲蒂娜開始靠攏自由主義者。

西元一八三三年斐迪南七世去世後，年幼的伊莎貝拉二世即位，瑪麗亞・克莉

卡洛斯戰爭的背景

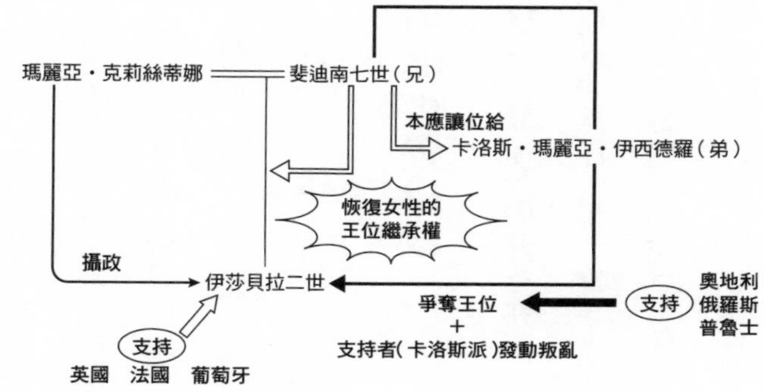

絲蒂娜成為輔佐她的攝政太后。

然而，卡洛斯不承認伊莎貝拉二世繼位，自稱國王卡洛斯五世（Charles V of Spain）。其支持者（卡洛斯派）在各地發動起義，試圖推翻伊莎貝拉二世，此即第一次卡洛斯戰爭。

卡洛斯派獲得奧地利、俄羅斯和普魯士的經濟援助，在軍事實力上遠勝一籌。為了應對，伊莎貝拉二世的陣營藉由解放永久所有財產（將教會財產國有化或出售，又稱西班牙沒收）來增加收入，並於西元一八四三年締結四國同盟。除了利用增加的收益來加強軍事力量，還獲得英法和葡萄牙的支援，展開反擊。

最終，伊莎貝拉二世的陣營占據上風，於西元一八三九年與卡洛斯派簽訂《貝爾加拉協定》，平定了大部分的卡洛斯派。

然而，部分卡洛斯派仍然在頑強抵抗。雖然性質有所改變，餘黨依舊以恢復絕對君主制為目標，在西元一八四六年至一八四九年（第二次卡洛斯戰爭）、西元一八七二年至一八七六年（第三次卡洛斯戰爭）期間都發動過叛亂。

埃斯帕特羅攝政

自由主義陣營內部存在著兩股對立勢力，一派是將卡洛斯戰爭引以為戒、認為應優先維護秩序的溫和黨，一派是要求推行迅速且有效改革的進步黨。儘管如此，雙方仍達成妥協，於西元一八三七年制定了憲法。這部憲法相較於《卡迪斯憲法》偏向保守，不過其成立也確保了絕對君主制在法律制度上已不可能復辟。

隨後上台執政的溫和黨政權，試圖廢棄卡洛斯戰爭期間實施的自由主義政策；

另一方面，進步黨則開始推動各項自由主義改革措施，包括出版自由、廢除教會的什一奉獻（教會向農民徵收收穫的十分之一）以及擴大選舉權等。

西元一八四〇年，溫和黨通過《地方自治法》，讓國王得以任命市鎮長官，目的是清除占市鎮長官多數的進步黨黨員。

進步黨隨即發起抗議行動，其中曾活躍於卡洛斯戰爭的將軍埃斯帕特羅（Baldomero Espartero）要求撤銷這條法律。然而，瑪麗亞・克莉絲蒂娜拒絕撤銷，最終在抗議行動的壓力下流亡到法國。

埃斯帕特羅接任攝政王後，立即廢除了《地方自治法》，採取自由貿易主義，積極進口英國的棉紡織品。這卻引來了加泰隆尼亞棉紡織工業者的反對，他們擔心無法在價格和品質上與英國競爭，於巴塞隆納發生暴動。

埃斯帕特羅鎮壓暴動後，招來許多原本支持他的進步黨人士反感，改而與溫和黨結盟。西元一八四三年，溫和黨將軍納瓦埃斯（Ramón María Narváez）擊敗埃斯帕特羅的軍隊，埃斯帕特羅也因此流亡到英國。

女王親政

埃斯帕特羅失勢後的西元一八四三年到一八六八年間，由女王伊莎貝拉二世親自執政。

雖然西元一八五四年到一八五六年，埃斯帕特羅帶領進步黨再次短暫執政（進步黨的兩年），但其餘時間都是由溫和黨與自由主義聯盟輪流執政。自由主義聯盟是由溫和黨內的改革派和進步黨內的保守派，於西元一八五四年結合的政治勢力。

相較於《一八一二年憲法》及《一八三七年憲法》規定由國民握有主權，溫和黨執政期間制定的《一八四

當時的日本

1842（天保13）年，水戶藩第9代藩主德川齊昭在現今的茨城縣水戶市建造了偕樂園，據說其設計構想是由齊昭親自規劃的。偕樂園與岡山縣岡山市的後樂園、石川縣金澤市的兼六園，並列為日本三大名園。

五年憲法》表示國王和國民共同擁有主權。此外，其中的規範也偏向保守，包括縮小議會權力、國王有權任命內閣成員及解散議會等。不僅如此，在選舉上也限制了投票人數，並受政府控制和操縱。

西元一八五八年到一八六三年，改由自由主義聯盟長期執政。為分散民眾的不滿、提高愛國心，自由主義聯盟採取積極對外政策，其中之一就是與摩洛哥開戰。這場戰爭的導火線——休達，為臨近直布羅陀海峽的城市，雖在摩洛哥的領土內，卻長期由西班牙占領。摩洛哥戰爭中，西班牙不僅擴大了在休達的領土，還獲得後來被稱為西迪伊夫尼的摩洛哥西南部城市，使政府短暫獲得了民眾的支持。

另一方面，試圖重掌政權的溫和黨在西元一八六三年到一八六八年期間，透過鎮壓反對勢力等方式加強統治，但情況並未改善。當時，美國因南北戰爭而棉花價格高漲、歐洲於西元一八六六年深陷金融危機而經濟衰退、小麥歉收而導致糧食危機，這些狀況都讓溫和黨無法應對。

九月政變

西元一八六六年，反抗伊莎貝拉二世陣營的進步黨和民主黨（從進步黨分出來的政治勢力），在比利時的奧斯坦德達成協議，自由主義聯盟也於隔年加入。他們的目標是推翻波旁王朝、通過男性普選制以召開制憲議會等。

西元一八六八年九月，進步黨的普里姆將軍（Juan Prim）等人在卡迪斯發動政變，塞拉諾將軍（Francisco Serrano）擊敗政府軍，伊莎貝拉二世逃亡法國。此即九月革命（西班牙光榮革命），直到西元一八七四年的這六年又稱「六年革命」。

革命開始後，由進步黨、民主黨和自由主義聯盟組成的臨時政府成立，以塞拉諾將軍為首。臨時政府承諾會尊重基本人權，實行男性普選制。

新憲法！新國王？

西元一八六九年，臨時政府舉行選舉，以選出制憲議會的議員，結果由支持君主立憲制的勢力占多數。

在這次的制憲議會中，制定了《一八六九年憲法》。確立了國民主權、兩院制、男性普選制，並大幅承認個人權利，如：出版自由、結社自由、信仰自由等，被視為當時歐洲最民主的憲法之一。

此外，由於新憲法規定政體為君主立憲制，國王人選自然成為爭論的焦點。經過一番艱難的選擇，於西元一八七〇年十一月推舉了義大利王室的阿梅迪奧（Amedeo Ferdinando Maria）為新國王阿瑪迪奧一世（Amadeo I of Spain）。西元一八七一年一月，阿瑪迪奧一世便抵達了西班牙。

然而，準備迎接他的普里姆於西元一八七〇年十二月就遭到暗殺，使得支持阿瑪迪奧一世的陣營從一開始就根基不穩。

曇花一現的共和政體

西元一八七一年的選舉中，進步黨、民主黨和自由主義聯盟占多數，但彼此對立、互相爭奪權力，甚至於西元一八七二年爆發第三次卡洛斯戰爭。

西元一八七三年二月，本就失去後盾而根基不穩的阿瑪迪奧一世退位。參議院和眾議院共同召開議會，宣布廢除君主立憲制，成立第一共和國。為此舉行了制憲議會的選舉，結果由聯邦共和黨大勝。

同年六月，新議會確立國家政體為聯邦共和制，著手擬定憲法草案。其中增添的法條，如：國家、地區和市鎮都擁有各自權力、西班牙是由包括古巴和波多黎各在內的十七省組成等等。然而，其思想領袖馬加爾總統（Francesc Pi i Margall）辭職，使得這部憲法未能通過。

在國內，人民紛紛要求成為獨立自治區；在國外，古巴獨立戰爭持續延燒。即使改為共和政體，這些內憂外患使局勢依然嚴峻。在政局動盪之下，身為一國領袖的總統更是頻繁更迭。

事實上，西班牙第一共和國的最後一任總統卡斯特拉爾（Emilio Castelar），就因拒絕社會改革而受議會提出不信任案，辭去職務。帕維亞將軍（Manuel Pavía）預見中左派即將掌握政權，於是發動政變、解散國會，並由塞拉諾重組政府。結果塞拉諾在未召開議會的情況下實行獨裁政治，試圖以保守方向穩定共和政體。

當時的日本

明治新政府在1874（明治7）年創設了東京警視廳。初代大警視（即後來的警視總監）由前薩摩藩士（編註：日本江戶時代侍奉各藩的武士）川路利良擔任。可見正在朝現代化國家邁進的日本，著手整頓起警察機構。

然而，西元一八七四年十二月，由馬丁內茲・坎波斯將軍（Arsenio Martínez Campos）發起的政變成功，宣布以伊莎貝拉二世之子阿方索十二世（Alfonso XII）為國王，恢復君主立憲制。自此，短暫的第一共和國時期結束，再次建立起以波旁王朝為主的政權。

西元一八七五年一月，前年於流亡地登基的阿方索十二世返回西班牙。此即西班牙第二次波旁復辟，此後延續了約五十年的君主制。

阿方索十二世曾在法國、奧地利、英國等地求學，深受自由主義思想影響。他同意由自由主義聯盟的卡諾瓦斯（Antonio Cánovas del Castillo）所起草的《桑赫斯特宣言》，承諾新政體不會是絕對君主制，而是君主立憲制。

然而，要想恢復君主立憲制還得面臨許多課題，至少必須結束第三次卡洛斯戰爭及古巴獨立戰爭，並制定出新憲法。

兩個政黨

恢復君主立憲制後，卡諾瓦斯成立了保守黨，並於西元一八七六年一月的選舉中勝出，出任首相。在他的領導下，《一八七六年憲法》也得以通過。

這部新憲法參考了過去的憲法，具有濃厚的保守色彩，承認議會和國王各自擁有主權。此外，議會採兩院制，參議院由高級軍官、神職人員、學者和高額納稅人組成、眾議院則是由選舉產生。

西元一八七八年，選舉制度由男性普選改為有限制的選舉制，導致有權選民人數從約四百萬大幅減至七十八萬。因此，西元一八九〇年又恢復成男性普選制。

西元一八八〇年，在薩加斯塔（Práxedes Mateo Sagasta）的領導下，進步黨、自由主義聯盟和溫和的舊共和黨組成了合同黨（後來的自由黨），以對抗卡諾瓦斯的保守黨。這兩個政黨都是由經濟精英和富裕的中產階級組成，差異性不大。

其後為了穩定政體，議會實行了兩黨輪替制，由保守黨和自由黨輪流執政。

真正的民主？

在保守黨和自由黨兩黨輪替下，議會民主制開始實行，但實際上仍不太民主。兩黨的政策並不對立，只是互相補充而已，且政權交替都是雙方溝通好的。不僅如此，為了穩定政治，選舉也受到操縱，好讓新執政黨在議會中占多數。

政府還會利用「卡西克（cacique，編註：西班牙人以此稱呼殖民地的當地領袖，由西班牙官員指派，後為世襲或在官員同意下選舉產生）」此一地方有力人物等操縱選舉，這種做法被稱為「酋長主義（caciquismo）」。具體而言，就是根據內政部長制定的當選者名單進行選舉，卡西克透過收買和威脅選民來操縱得票數。

由於投票未能以民主方式進行，人們對選舉的興趣逐漸減弱，導致投票率低於百分之二十，無法反映民意。雖然早期君主立憲制下的議會政治並非完全民主，但直到西元一九〇二年以前，兩大政黨也輪流執政達七次，維持了兩黨輪替制，在政治上被評價為相對穩定的時期。

工人聯盟

進入西元十九世紀，行會制度解體，朝產業自由化邁進，西班牙部分先進地區開始經歷工業革命。而這也導致了勞工階級出現，開始組織工會、展開勞工運動。

西元一八七九年，由伊格萊西亞斯（Pablo Iglesias）擔任總書記的工人社會黨成立，這是西班牙的第一個社會主義政黨。其主張馬克思主義，即德國社會主義者馬克思（Karl Marx）所提出的勞工對資本家進行階級鬥爭和社會主義革命的理論；目標是爭取普選權、縮短工時、禁止童工等改革。

此外，西元一八八八年成立的勞動者總聯盟，也與工社黨高層有關。勞動者總聯盟以改善勞工條件為目標，推動勞資雙方的集體談判，並以罷工作為談判手段。

古巴獨立和美西戰爭

西元一八六八年發生的九月革命，使西班牙本土政局動盪，帶來的影響甚至波及到殖民地——古巴。同年十月，由塞斯佩德斯（Carlos Manuel de Céspedes）領導的第一次古巴獨立戰爭爆發。最終，西班牙本土承諾釋放政治犯、廢除奴隸制等，並於西元一八七八年簽訂《桑洪和約》結束戰爭。

然而，《桑洪和約》中承諾的政治改革在古巴未能實現，加上西班牙本土的貿易政策阻礙了古巴與最大貿易夥伴美國的通商，導致獨立運動再起。

西元一八九二年，古巴革命黨成立；西元一八九五年，由馬蒂（José Martí）領導的第二次古巴獨立戰爭自東部開始，後來也波及到一直對獨立不太感興趣的西部地區。由卡諾瓦斯領導的保守黨政權試圖以武力鎮壓，但古巴依舊持續抵抗。

卡諾瓦斯遇刺後，由薩加斯塔領導的自由黨政權成立，於西元一八九七年提出多項和解方案，如：賦予自治權、關稅自主權、普選權，讓古巴人與西班牙人的權利平等化等，但古巴一律不接受。

與此同時，美國也不滿西班牙阻礙他們與古巴通商，決定介入古巴獨立戰爭。西元一八九八年二月，停泊在古巴哈瓦那港的美國軍艦「緬因號」發生爆炸而沉沒，美國指責是西班牙所為，於同年四月對西班牙宣戰，此即美西戰爭的開端。戰爭在太平洋和加勒比海地區展開，西班牙在菲律賓甲米地、古巴聖地牙哥的海戰中節節敗退，最終完全失利。

根據《巴黎和約》，西班牙割讓加勒比海上的波多黎各，以及太平洋上的菲律賓和關島給美國，並放棄對古巴的統治權。西元一九〇二年，古巴從西班牙中正式獨立，卻又淪為美國的保護國。

祕密專欄

西班牙的宮殿

世界級的知名建築

說到西班牙代表性的建築，就不得不談到於西元一九八四年被列為世界遺產的兩座宮殿——阿爾罕布拉宮和埃斯科里亞爾宮。

阿爾罕布拉宮位於格拉納達的東南部，是西班牙最後的伊斯蘭王朝——奈斯爾王朝時期的王宮，象徵著西班牙的伊斯蘭文化，如今也保存著其獨特的風貌。

「阿爾罕布拉（Alhambra）」這個名稱源自阿拉伯語的「الحمراء（紅色城堡）」，指被紅色城牆包圍的整個地區。城牆是由奈斯爾王朝的創始者穆罕默德一世所建造，東西長七二六公尺，南北長一八〇公尺。天花板有著形如鐘乳石的裝飾，牆面有阿拉伯花紋，腰牆鑲嵌著彩釉磁磚，還有令人聯想到綠洲的池塘和水道，以及許多中庭，運用了伊斯蘭裝飾技術，營造出夢幻的氛圍。

●阿爾罕布拉宮

●埃斯科里亞爾宮

埃斯科里亞爾宮位於馬德里的西北方約五十公里處，結合了王宮和修道院，正式名稱為「埃斯科里亞爾－聖羅倫斯王家修道院（El Real Sitio de San Lorenzo de El Escorial）」。

這座宮殿是費利佩二世時期的一大紀念碑，由經手過羅馬聖彼得大教堂的胡安・包蒂斯塔・德・托雷多（Juan Bautista de Toledo）於西元一五六三年時受命開始建造，他過世後由胡安・德・埃雷拉（Juan de Herrera）接手，並於西元一五八五年完工。這是西班牙文藝復興建築的最高峰，集離宮、修道院、教堂、王家陵墓和圖書館等於一身，收藏了許多藝術品。

耐人尋味的西班牙偉人⑤

聖家堂的設計師

安東尼・高第

Antoni Gaudí

（1852～1926）

這座偉大的建築仍在由徒弟建造中

聳立於巴塞隆納市中心的聖家堂，以及米拉之家、奎爾公園等，都是足以令人忍不住駐足欣賞的獨特建築，而它們的設計師正是安東尼・高第。

高第出生於加泰隆尼亞，在巴塞隆納當製圖員的同時完成了建築學校的學業，取得建築師資格後不久，便於西元1878年開始設計一些建築，很早就展露頭角。

高第的童年在大自然中度過，其設計靈感似乎就來自於當時所見的風景。他將建築視為根植於自然法則的綜合藝術。31歲那年，高第就開始著手打造代表作──聖家堂。在他過世後，聖家堂由他的門生接手，目前仍在施工中，據說還需要多年才能完工。

chapter 6

世界大戰背後的暗湧

巴塞隆納的悲劇週

西班牙在美西戰爭中戰敗後，失去了古巴、關島、波多黎各、菲律賓等幾乎所有殖民地，領土大幅縮小。除了這場衝擊之外，西元二十世紀初的西班牙社會還面臨了各種問題。

首先，從西元十九世紀前半葉開始，一些地區經歷了礦業和輕工業的工業革命。這使得在工業發達的加泰隆尼亞等地區，工廠工人成為影響政治和社會的力量，勞工運動隨之蓬勃發展。

而領導勞工運動的，正是工社黨及其附屬的勞動者總聯盟，以及在西元一九一〇年由無政府工團主義者組成的全國勞工聯盟。

這個時期，加泰隆尼亞要求自治權、巴斯克要求獨立的呼聲日益高漲。另一方面，在摩洛哥殖民地，民族運動也在升溫，國內外都面臨著許多問題。

在這種情況下，西元一九〇九年七月，在摩洛哥鋪設鐵路的西班牙工人遭到當地民族主義勢力襲擊，造成人員傷亡。

時任保守黨首相的毛拉（Antonio Maura）決定派遣軍隊平息叛亂，甚至徵召預備役人員（在戰爭等重大時刻才需執勤的軍人）。然而，剛經歷美西戰爭並慘敗一事，使民眾強烈反對毛拉的決定。

同年七月二十六日，巴塞隆納爆發了大規模的罷工運動來反戰。這場總罷

工是由工社黨領導，隨著罷工不斷延燒，民眾開始變得暴力，甚至焚燒修道院。

為了應對，毛拉發布了戒嚴令，限制人民的基本權利，並派遣軍隊前往巴塞隆納。七月三十一日，軍隊平息了暴動，但西班牙軍隊與巴塞隆納民眾的衝突造成超過五百人傷亡。這起事件被稱為「悲劇週」。

毛拉強硬鎮壓民眾的做法，在國內外都飽受批評。他遞出辭呈後原本以為國王阿方索十三世不會接受，沒想到國王直接受理，毛拉不得不辭去首相一職。

罷工和恐怖主義

西元一九一四年，第一次世界大戰爆發。然而，西班牙以需要平定摩洛哥為藉口，宣布中立的立場。儘管如此，西班牙仍無法避免受到第一次世界大戰的影響。

西班牙起初受惠於全球大戰景氣所迎來的經濟繁榮，但隨之而來的問題是物價上漲，身為臨時工的農民和勞工生活逐漸受到壓迫。因此，西元一九一六年，勞動者總聯盟和全國勞工聯盟共同發起總罷工，要求抑制物價上漲並提高薪資。

雖然這起總罷工並未成功，但西班牙各地都接連爆發罷工運動，勞工組織急速成長。全國勞工聯盟甚至將恐怖攻擊視為抗議手段，襲擊政治人物和資本家。

政府以鎮壓回應，資本家則自行招募與他們合作的勞工，組織「自由工會」等自衛組織來對抗。如此一來，使得勞工、農民與政府、資本家之間的對立加劇。

西元一九二一年至一九二三年間，達托首相（Eduardo Dato）遭無政府主義者暗殺，全國勞工聯盟的領導人也被自由工會的成員暗殺。雙方的恐怖攻擊橫行，造成社會情勢更加動盪不安，最終導致獨裁政體的誕生。

西班牙流感從何處開始？

西元一九一八年，西班牙流感在全球大流行，造成大量死亡。雖然普遍稱之為西班牙流感，但流行的發源地其實是在美國，而非西班牙。

當時正值第一次世界大戰期間，參戰國為了維持士氣，審查了關於傳染病擴散和死亡人數的報導，盡量壓低消息。

不過，西班牙並沒有參戰，報導上相對自由。再加上身為西班牙國王的阿方索十三世感染重症，給人「西班牙深受影響」的印象，才使得「西班牙流感」這個名稱流傳開來。

君主立憲制結束

西班牙國內的勞工運動愈演愈烈之際，摩洛哥殖民地又於西元一九二〇年爆發新一波叛亂。

為了平息叛亂，西班牙除了出動本國軍隊，還投

當時的日本

1918（大正7）年，松下幸之助在大阪市成立松下電器製作所（現在的Panasonic）。起初松下電器製作所只是在租賃的房子裡製造和銷售電燈用插座的小公司，之後才逐漸擴大規模，成長為足以代表日本的大型企業。

入摩洛哥人、古巴人等組成的外籍軍隊。順帶一提，後來進行獨裁統治的軍人佛朗哥，便是因為指揮這次鎮壓有功，而晉升為陸軍少校。

儘管西班牙出動大軍鎮壓，卻於西元一九二一年七月時在摩洛哥的阿努瓦勒被叛軍擊敗。阿努瓦勒戰役中，西班牙軍光死亡人數就達一萬人以上，還有大量士兵遭俘虜。

在摩洛哥失利後，向軍方問責的聲音變得更加高漲。然而，軍方認為是政府和議會的責任，沒有準備足夠的裝備，因此不滿在軍事法庭上被問責。政府內部也出現了分歧，一方認為應該聽從軍方要求增強兵力，一方則認為應該縮小軍事行動。

最終，議會成立了究責委員會，並於西元一九二三年十月在議會中報告。

如此一來，軍方和政府的高官，甚至國王都可能被究責。有鑑於此，加泰隆尼亞軍區司令官普里莫・德・里維拉將軍（Miguel Primo de Rivera）便西元一九二三年九月十二日半夜，於加泰隆尼亞地區宣布戒嚴，發動了短暫的軍事獨裁政變。

這場政變獲得軍方、教會和大地主的支持而成功。事實上，里維拉在發動政變前還獲得了阿方索十三世國王的同意。

自此，里維拉被國王任命為軍人執政者，建立軍事獨裁政權，結束了西班牙從西元十九世紀末開始的君主立憲制。

里維拉首先停止憲法、解散議會，並在各縣市派駐軍人，將戒嚴令從加泰隆尼亞擴大到整個西班牙。這樣的獨裁政權能夠成功建立，原因在於背後有軍方、教會、資本家、大地主、主張擴大加泰隆尼亞自治權的保守地方主義者，以及阿方索十三世國王的支持。

面對工社黨和勞動者總聯盟等左翼勢力的批評，里維拉以殘酷的鎮壓手段回應。這使得左右兩派之間的恐怖攻擊減少，罷工次數也減少到之前的三分之一。

在摩洛哥政策上，里維拉於西元一九二五年與同樣將摩洛哥叛亂視為威脅的法國簽訂《共同行動協議》，並於隔年平息了叛亂。

文人執政

解決了各種治安問題後，里維拉漸漸開始追求永久的獨裁政體。西元一九二五年，他撤銷戒嚴令並恢復內閣，從軍人執政過渡到文人執政。西元一九二七年，他召集了國民諮議會，但這個議會只有「諮詢」性質，並非立法機構，無法發揮重大作用。

經濟政策方面，里維拉在發動政變後便表明：「獨裁的目的是透過經濟發展為國家服務。」於是他提高關稅、控制並壟斷市場，藉此保護並發展國內產業。最代表性的政績，就是成立坎普薩石油公司（Campsa）。

在此之前，西班牙國內的石油精煉和銷售，都是由美國的標準石油（Standard Oil）和荷蘭皇家殼牌（Royal Dutch Shell）經營。里維拉強制將這兩家公司驅逐，並將石油的市場獨占權授予坎普薩公司。

此外，里維拉還積極推動公共投資，修建了國家公路，並開發厄波羅河以用於發電和灌溉等用途。這些工程為相關公司及勞工帶來了繁榮的經濟盛況。

然而，這種經濟政策也存在缺點。西班牙的財政實力本就薄弱，如果稅收無法增加，就只能發行國債來支持積極的經濟政策，這導致西班牙的財政赤字不斷增加，而危及里維拉的獨裁政體。

七年獨裁結束

眼見反政府運動興起，原本支持里維拉的阿方索十三世國王開始感到不安。

西元一九二六年，共和聯盟成立，旨在推翻獨裁統治。其中包括激進黨、加泰隆尼亞共和黨，以及勢力強大的左翼政治家阿薩尼亞（Manuel Azaña）等。

西元一九二六年和一九二九年都發生了政變。儘管兩次政變都以失敗告終，但可見軍隊內部也存在反政府的力量。

再次傳出政變的風聲後，阿方索十三世施壓要里維拉辭職，並開始尋求曾隸屬自由黨的政治人物合作，欲恢復君主立憲制。

里維拉被逼到絕境，只好求助各軍區司令官，卻遭到拒絕。西元一九三〇年一月，他不得不接受國王的要求辭職。前年世界經濟大蕭條導致的經濟衰退，也是他

當時的日本

1929（昭和4）年，小田急江之島線開通，相模大野站至片瀨江之島站之間的路線開放營運。同年，東京車站也開設了八重洲口。東京車站本身則是在1914（大正3）年開業，但當時的檢票口只設在皇居一側。

下台的重要原因之一。

就這樣，為期七年的獨裁統治結束了。

第二共和國成立！

里維拉獨裁政權垮台後，阿方索十三世擔心共和主義者掌權會廢黜君主制。因此於西元一九三〇年一月，任命與里維拉同為軍人的貝倫格爾（Dámaso Berenguer）為首相，試圖恢復立憲君主制，維持政體延續。

貝倫格爾上任時，承諾恢復獨裁前的狀態。然而，國王曾是獨裁政體的合作者是不爭的事實。西元一九三〇年八月，要求國王退位的勢力在巴斯克地區的聖塞巴斯提安集結，簽訂《聖塞巴斯提安協議》，並成立了革命委員會。

貝倫格爾無計可施，只好於西元一九三一年二月辭職。接任首相之位的是軍人阿斯納爾（Juan Bautista Aznar-Cabañas）。他構想成立國王與革命委員會聯合政府，卻遭到革命委員會反對。

阿方索十三世和王政支持者認為，即使在這種情況下，仍然可以維持君主制。因此於西元一九三一年四月十二日舉行市鎮村議會選舉，想藉此決定是否要維持君主制。

結果，雖然在議員總數上王政支持者占優勢，但在馬德里等大多數大城市，都是共和派獲勝。不僅如此，民眾還舉行示威遊行，要求實施共和政體，西班牙各地也陸續宣布改成共和政體。

阿方索十三世見狀，決定退位並流亡

法國。自此，西班牙再次成為共和政體，此即西班牙第二共和國。

一波三折的新憲法

第二共和國成立後，革命委員會組織了臨時政府，由阿爾卡拉－薩莫拉（Niceto Alcalá-Zamora）擔任首相，宣布保障信仰和結社自由等基本人權，並實施土地改革。

臨時政府為了召開制憲議會以制定新憲法，於西元一九三一年舉行了大選。雖然結果是臨時政府執政黨大獲全勝，但在起草憲法草案時卻在天主教地位問題上出現分歧，阿薩尼亞等人主張要明確記載政教分離，而阿爾卡拉－薩莫拉則表示反對。

不僅如此，雙方在地方自治權上也意見相左。最終規定，只有在當地市鎮村議會投票和公投中都獲得三分之二選民的贊成，才能獲得自治權。當時認為只有加泰隆尼亞地區能跨越這一高門檻，事實上內戰爆發前也確實只有加泰隆尼亞完成了這一程序。

此外，新憲法還規定議會採一院制、需實行男女普選等。而原本只是象徵性存在的總統，實際上卻能深度介入政治。

阿薩尼亞的苦惱

新憲法通過後，成為總統的阿爾卡拉－薩莫拉，沒有從第一大黨——工社黨中選擇首相，而是指派共和行動黨的阿薩尼亞擔任。

阿薩尼亞任職後，推動政府從大地主手中購買土地，再出租給貧困的臨時農工，以實施土地改革。然而，預算不足使改革進展緩慢，令農民大失所望。

此外，阿薩尼亞還禁止在教會進行義務教育，以推行非宗教教育。但同樣因為預算不足，無法興建足夠的公立學校，反而使無法就學的兒童增加。

另一方面，由於阿薩尼亞的改革整體偏向勞工，造成資本家階層的反彈，要求政府停止土地改革、嚴懲勞工運動、將工社黨議員逐出內閣等。再加上政府推行政教分離政策，也招致虔誠的天主教徒不滿。

西元一九三二年，阿薩尼亞政權通過《加泰隆尼亞自治憲章》，成立了加泰隆尼亞自治政府。然而，這些成果依舊無法滿足改革派和保守派的要求，因而逐漸失去支持。

在這種情況下，西元一九三三年一月，全國勞工聯盟在加泰隆尼亞和安達盧西亞發動起義，襲擊了治安警察和軍方設施。雖然這起事件很快就平息了，但阿薩尼亞因此被究責而辭職。

同年三月，反對政府的天主教右翼組成西班牙自治右翼聯盟（CEDA）。十月，里維拉的兒子荷西・安東尼奧（José Antonio Primo de Rivera）成立了法西斯政黨「西班牙長槍黨」，並於西元一九三三年大選中獲得一個席位。

不過，長槍黨在第二共和時期沒有拿過更多席次，此時法西斯主義在西班牙尚未盛行。

勒魯斯將一切歸零

阿薩尼亞政權的混亂，導致人民對左翼政權失去信心。

西元一九三三年十一月舉行的大選中，右翼的西班牙自治聯盟獲得一一五席而成為第一大黨；中間派激進黨成了第二大黨；左翼的工社黨則失去近一半席位而淪為第三大黨，其他左翼政黨也大幅失利。

在此之前，全國勞工聯盟呼籲：「這不是選舉，是武裝革命。」導致部分支持者放棄投票，也是左翼大敗的原因之一。

大選後，總統並未任命第一大黨西班牙自治聯盟組閣，而是指派激進黨的勒魯斯（Alejandro Lerroux）為首相。勒魯斯採取偏向西班牙自治聯盟的政策，並修正阿薩尼亞政權引起不滿的施政措施，如：恢復教會教育以增加受教人口、廢除相關政策以保護貧困農民等等。

西元一九三四年十月，勒魯斯延攬西班牙自治聯盟的議員組閣後，政策變得更加保守。工社黨見狀感到危機，改由極左派掌權，向全國黨員和支持者發出武裝起義的動員令，此即西班牙十月革命。

這場起義在大部分地區很快就被治安警察和軍隊鎮壓，但北部的阿斯圖里亞斯地區由於工會人數眾多，加上全國勞工聯盟的參與（沒有參與其他地區的起義），一度逼退軍隊。

儘管如此，最終仍被佛朗哥所率領的軍隊鎮壓。隔年，佛朗哥便因此晉升為陸軍中將。

當時的日本

1934（昭和9）年9月21日，一場規模罕見的颱風在高知縣室戶岬附近登陸。這場颱風造成的風災和潮位上升，導致約3千人死亡或失蹤。室戶颱風與枕崎颱風、伊勢灣颱風並列為「昭和三大颱風」。

人民陣線政府成立

勒魯斯政權鎮壓了西班牙十月革命後，開始限制勞工運動、終止加泰隆尼亞自治權、停止農地改革，改而採取強硬的保守政策。

然而，這反而促使原本支離破碎的左翼勢力團結起來。在阿薩尼亞的號召下，左翼統一戰線獲得工社黨的支持，逐漸形成「人民陣線」。

剛好就在這時，勒魯斯首相因貪汙醜聞而被迫下台，激進黨也遭到滅頂之災。阿爾卡拉－薩莫拉總統宣布解散議會，西元一九三六年二月舉行大選，最終由人民陣線獲得勝利。

大選之後，阿爾卡拉－薩莫拉總統任命阿薩尼亞為首相，阿薩尼亞卻將阿爾卡拉－薩莫拉撤職、自己成為總統，並將首相職位讓給卡薩雷斯・基羅加（Santiago Casares Quiroga），人民陣線政府就此成立。

不過，人民陣線政府內部仍有分歧，主張議會民主制的溫和派，與追求社會主義、無政府主義革命的強硬派互相對立。另一方面，在選舉中失利的右翼則和軍方開始策劃發動政變。

與此同時，人民陣線政府釋放的政治犯也在城市發動罷工、占領農村土地。這讓右翼和左翼都失去了對政治的信心，開始相互進行恐攻。

西班牙內戰爆發

人民陣線政府為了防範政變，將右翼將領紛紛調離中央，如：莫拉少將（Emilio Mola）被調往西班牙北部的潘普洛納、晉升為中將的佛朗哥被調往大西洋上的加納利群島等。

然而，佛朗哥在莫拉的引導下，祕密前往殖民地摩洛哥，為發動政變做準備。西元一九三六年七月十八日，西班牙各地的部分軍隊發動叛亂。政府派出正規軍、

內戰時期的西班牙（1936年7月）

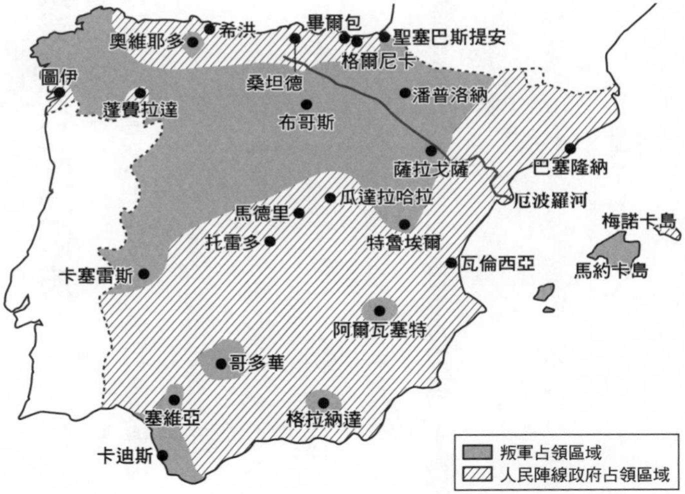

治安警察和武裝工人等平息了馬德里的叛軍，並控制了重要的礦產工業城市，如：巴斯克等地。

這場試圖以軍事力量推翻政府的政變計畫以失敗告終，但叛軍成功占領了塞維亞、薩拉戈薩等大城市。自此，西班牙勢力一分為二，持續三年的西班牙內戰爆發。

值得一提的是，起初叛軍的領導人是莫拉，佛朗哥只是他的合作者。

叛軍VS人民陣線政府

西元一九三六年九月，由於期望獲得國際支援，佛朗哥正式被任命為叛軍總司令，同年十月又成為叛軍的國家元首。西元一九三七年四月，佛朗哥頒布《政黨統一令》，將所有政黨併入現有的長槍黨，成立新的國民運動黨（傳統主義西班牙國家工團主義進攻委員會方陣），並親自擔任黨魁，鞏固法西斯政體。

隨後，叛軍獲得德國希特勒（Adolf Hitler）政權和義大利墨索里尼（Benito Mussolini）政權的支援。日本也提供了少量的武器援助，並繼德國和義大利之後承認佛朗哥政權。

此外，叛軍也獲得天主教會的有力支持。羅馬教廷承認叛軍為西班牙合法政府，在內政和外交上都支持佛朗哥。

另一方面，與德國和義大利對立的英國和法國，擔心這場紛爭會蔓延到整個歐洲，因此主張不干涉西班牙內戰。這導致人民陣線政府主要可依賴由史達林（Joseph Stalin）領導的蘇聯支援。

由於國際援助的差距，人民陣線政府日漸處於劣勢。不過，來自世界各地的反法西斯知識份子、學生和工人等組成義勇軍「國際縱隊」，前往西班牙與叛軍作戰。其中，有美國作家海明威（Ernest Hemingway）、法國作家馬洛（André Malraux），以及日本白井Jack等人參與。

儘管如此，人民陣線政府仍然處於劣勢。從西元一九三七年春季開始，畢爾包、桑坦德、希洪等主要城市都接連淪陷。

同年四月二十六日，巴斯克的城市格爾尼卡被德國作為新機戰機的實驗目標，遭到航空部隊無差別轟炸。西班牙畫家畢卡索在空襲發生的一個月後，以這場造成大量傷亡的慘劇為題材，創作了《格爾尼卡（Guernica）》。

為了扭轉戰局，人民陣線政府於西元一九三八年七月二十五日在厄波羅河一帶發動了大規模攻勢，這也成了最後一次的戰役。這場戰役長達三個月之久，雙方都損失慘重，但最終仍是叛軍獲勝。

叛軍贏下內戰後，同年年底開始對加泰隆尼亞發動總攻擊。西元一九三九年一月巴塞隆納陷落；二月底英國和法國承認佛朗哥政權，阿薩尼亞總統辭職並逃往法國；三月二十七日馬德里淪陷，人民陣線政府完全崩潰。

同年四月一日，佛朗哥宣布內戰結束，為期三年的西班牙內戰終於畫下休止符。然而，這場內戰造成人民陣線和叛軍雙方數十萬人喪命，西班牙國土也遭到嚴重破壞。

內戰時期的西班牙（1938年7月）

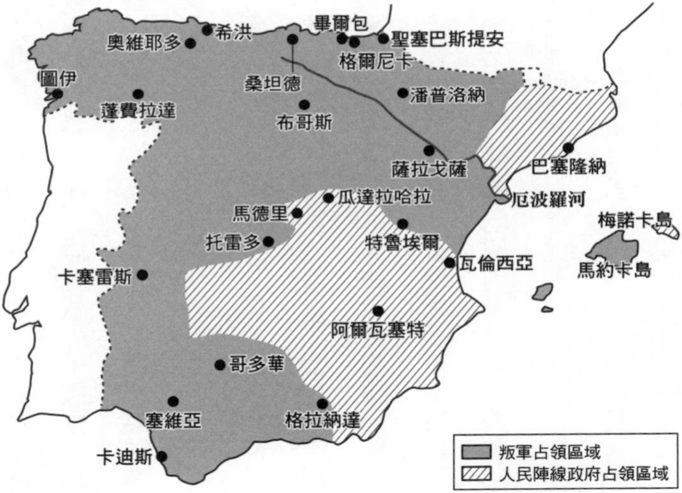

內戰善後與二戰爆發

西班牙內戰結束後，佛朗哥嚴厲懲罰倖存的人民陣線成員，在軍事法庭上約五萬人遭判處死刑，其中一半被實際處決。

對於曾經站在人民陣線陣營的巴斯克和加泰隆尼亞，佛朗哥剝奪了他們的自治權，並禁止其於公共場合使用巴斯克語和加泰隆尼亞語。

這些鎮壓措施，皆根據西元一

九三九年的《政治責任法》和一九四〇年的《共產主義與共濟會鎮壓法》徹底執行，摧毀反政府運動的核心組織，使之後很長一段時間都無法發起有效的反政府行動。

西元一九三九年九月一日，第二次世界大戰爆發。德國的希特勒以在西班牙內戰時大力支援為由，要求佛朗哥讓西班牙加入軸心國，參與第二次世界大戰。然而，佛朗哥拒絕了這個要求並宣布中立。因為西班牙內戰已使國土荒蕪、國力低落，根本無力參戰。

儘管如此，當看到德國處於優勢時，佛朗哥便放棄中立，宣布西班牙為非交戰參戰（不參與軍事

當時的日本

1940（昭和15）年9月27日，日本、德國和義大利在德國首都柏林，締結了《德義日三國同盟條約》（三國公約）。這項軍事同盟條約，承認了三者彼此在歐洲和亞洲「新秩序」中的領導地位，且如果遭到他國攻擊，其他兩國需提供軍事援助。

行動），為德國、義大利等提供情報和物資。

不過，西元一九四三年前後，確定轉由美國等同盟國占優勢之後，西班牙再次採取中立立場。因此，佛朗哥於二戰末期採取了三種不同的立場：在歐洲戰線保持中立、在反蘇聯戰線反共產主義、在太平洋戰線反日本。

就這樣，西班牙透過在二戰期間表面上維持中立國的地位，避免了直接遭受戰爭損害。

耐人尋味的西班牙偉人⑥

描繪死亡與悲傷的詩人兼劇作家

費德里科・賈西亞・羅卡

Federico García Lorca

（1898～1936）

於西班牙內戰期間遭叛軍處決

羅卡的許多詩作和戲劇中，都能感受到他的故鄉——安達盧西亞的獨特氛圍。

他最著名的詩集，是描繪出安達盧西亞靈魂的《吉普賽歌集》（Romancero gitano，1928）。其被稱為「三大悲劇」的戲劇作品，包括描述新娘、新郎及其周圍人物走向毀滅的《血婚》（Blood Wedding，1933），描寫不孕症女性痛苦的《葉瑪》（Yerma，1934），以及描寫被暴虐母親壓抑性慾的五名女兒的《白納德之屋》（La casa de Bernarda Alba，1936）。這些作品中都出現了死亡、被陋習束縛的悲慘女性形象。風格中帶有一些超現實主義元素，可能受到他年輕時與達利和布紐爾（Luis Buñuel）等藝術家有過深交的影響。

羅卡在完成《白納德之屋》後，於西班牙內戰期間遭叛軍抓到並槍決，這部作品就成為了他的遺作。

chapter 7

從獨裁到民主

佛朗哥政權成立

佛朗哥政權是立基於獲得內戰勝利而成立的政體。不過，這還不足以作為政權的基礎，佛朗哥政權其實還獲得了天主教會的全面支持。從內戰時期開始，西班牙天主教會就讚揚佛朗哥軍隊是「十字軍」，拯救國家免於受無神論和共產主義侵蝕。此外，梵蒂岡羅馬教廷也承認佛朗哥政權是正統的西班牙國家。

如此一來，佛朗哥便成為了國民運動黨的領導人。不僅掌控軍隊，還成功掌控政府和官方政黨的權力。佛朗哥兼任國家元首、首相以及陸海空三軍總司令，被稱為「總統」。

佛朗哥政權在內戰期間已獲得德國和義大利承認為正統國家，因此佛朗哥試圖將西班牙變成與這些國家一樣的法西斯政體，但並未能完全如願。因為在第二共和國時期，法西斯主義在西班牙就並未獲得廣泛支持；再加上天主教徒、王黨派、軍人等不同勢力加入國民運動黨，導致原本的長槍黨與其他勢力無法統一，結果黨員人數僅停留在約九十萬人，在內閣中代表參政的比例平均只有百分之二十五。換言之，國民運動黨雖然是佛朗哥政權的唯一官方政黨，實際上卻只是與其他勢力並列的有力支配集團之一。

其後，佛朗哥見軸心國在二戰中趨於劣勢，便試圖淡化自身政權的法西斯色彩。西元一九四二年，他解除了屬於法西斯主義的義弟塞拉諾・蘇涅爾（Ramón Serrano Suñer）的外交部長職務，且不再使用法西斯式敬禮。在這之後很長一段時間，佛朗哥政權的核心都由天主教勢力等不同力量輪流主導，長槍黨從未成為中心領導。

此外，為了避免被批評為獨裁國家，佛朗哥著手整頓一系列被稱為「基本法」的憲法。西班牙內戰結束後，於西元一九四二年頒布《國會設置法》、西元一九四五年制定《國民憲章》和《國民公投法》，並調整了各項制度。這些基本法看似包含民主元素，但事實上佛朗哥政權下的國會是只會讚揚佛朗哥決策的機構，議員也都由佛朗哥任命，因此並無民主成分。

這些基本法總共有七部，因應需要而陸續制定。直到西元一九六七年，足以完全代表佛朗哥政權的《國家組織法》才公布，可見此一政權的完成歷經了漫長的歲月。

被國際社會孤立

佛朗哥政權雖然鞏固了國內的政體，在國際社會上卻飽受譴責。聯合國大會上，佛朗哥政權下的西班牙被批評為法西斯國家，而非民主國家。西元一九四六年十二月十二日，聯合國大會還通過一項決議，建議各國與西班牙斷交。有鑑於此，美國和歐洲國家紛紛召回駐西班牙大使，使西班牙被排除在所有國際組織之外。

西班牙遭到國際社會孤立後，在經濟上也受到重大打擊。不但與其他國家的貿易受阻，還無法獲得外國援助。

面對這樣的困境，佛朗哥別無選擇，只能繼續自內戰時期就實施的食物配給制，推行自給自足的經濟政策，並且由國家控管和統籌一切經濟活動，包括農業、工業和貿易等。

此外，於內戰期間遭受重創的工業，復甦進度也相當緩慢。由於無法進口農業機械和農藥，農業生產也陷入困境，連小麥都難以種植，只能靠著唯一從阿根廷進口的小麥勉強維持糧食供應。許多國民為了獲得配給以外的食物，不得不在黑市以高價購買。

然而，人民的薪資水平只有戰前的百分之五十到六十，生活相當困苦。

受惠於冷戰時期

到了西元一九四〇年代末期，局勢開始逐漸改變。以美國為首的資本主義和自由主義陣營，與以蘇聯為首的共產主義和社會主義陣營互相對立，引發東西冷戰。西班牙的地理位置臨近西歐、地中海和大西洋，因此被美國視為牽制蘇聯的重要國家，而試圖拉攏到西方陣營，佛朗哥宣稱「西班牙是反共防波堤」的論點也開始獲得認同。

西元一九五〇年十一月，在美國的遊說下，聯合國大會進行表決，是否要撤銷對西班牙的排斥決議。英法兩國棄權，蘇聯、以色列和墨西哥等投反對票，但這項決議仍然通過了。

西班牙重新獲得參與國際社會的機會後，加入了聯合國糧農組織和世界衛生組織。美國也提供大量經濟援助，使西班牙能夠進口石油，解決能源短缺的問題，國

東西冷戰時期的國際局勢

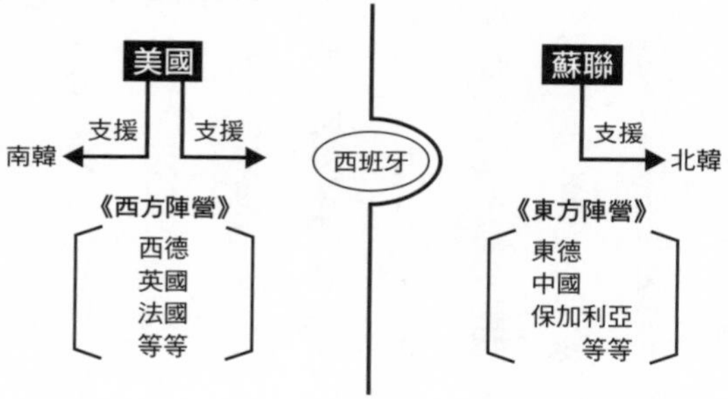

內經濟終於開始復甦。西元一九五三年，西班牙與美國簽訂《共同防禦條約》，並同意在國內提供基地給美軍。西元一九五五年，西班牙如願加入聯合國，重新成為國際社會的一員，甚至於當年獲准加入歐洲經濟合作組織（OEEC）。

西班牙重新融入國際社會後，反政府的地位卻變得更加困難。他們原本期望國際社會能向佛朗哥施加壓力，卻落空了。在這樣的佛朗哥政權下，一直無法有效進行反政府運動。

不過與此同時，為了爭取巴斯克獨立而於西元一九五九年成立的武裝組織「埃塔（ETA，意即巴斯克祖國與自由）」，開始以進行恐攻成長起來。

引入市場經濟

西元一九五〇年代，西班牙經濟隨著重新加入國際社會，而出現國民生產毛額（GNP）年增長率百分之五的高速成長。然而，進口增加、出口卻停滯不前，使得經濟狀況逐漸惡化。

西元一九五九年，西班牙外匯儲備耗盡，無法償還對外債務。通貨膨脹導致物價上漲，人民的薪資無法跟上，全國各地陸續發起罷工。

有貿易往來的國家不樂見西班牙經濟崩盤，因此由國際貨幣基金組織（IMF）和經濟合作暨發展組織（OECD，前身為OEEC）出面，同意延緩西班

當時的日本

講談社出版的《週刊少年Magazine》和小學館出版的《週刊少年Sunday》，於1959（昭和34）年3月同時創刊。自此，各出版社開始發行週刊漫畫雜誌。順帶一提，集英社出版的《週刊少年Jump》是於1968（昭和43）年才創刊的。

牙償還債務的期限。不過作為交換條件，西班牙必須重整財政、抑制通膨，並且開放貿易及外資。

佛朗哥接受這些條件，放棄自給自足的經濟政策，改而實施「經濟穩定計畫」以引進市場經濟。

經濟奇蹟

「經濟穩定計畫」這項通貨緊縮政策，導致經濟短期內衰退、薪資無法成長，許多勞工因此前往國外尋求更好的工作機會。不過隨著物價穩定、貿易和資金自由化，西班牙的外匯儲備增加，經濟隨之好轉。

西元一九六二年，西班牙政府根據世界銀行的建議，制定「經濟社會發展計畫」，包括建設產業基礎設施、培育出口產業和區域發展等。

這些經濟政策帶動了西班牙於西元一九六〇年代的經濟，達到一年成長百分之七點三的高度發展，僅次於同期的日本，被世界譽為「經濟奇蹟」。

西元一九五九年至一九六六年，西班牙的人均國民所得實質增長了百分之四十。同一時期，西德、美國、英國等國也增加對其的投資，進一步加速經濟發展。

此外，西元一九六〇年代，西班牙旅遊業也蓬勃發展。受惠於經濟成長帶來的社會穩定，吸引大批外國遊客。一年的遊客人數，從西元一九六〇年的六百萬人，成長到西元一九六五年的一千四百萬人，龐大觀光收益為西班牙的財政注入活水。

佛朗哥的真正用意

二戰結束後，前國王阿方索十三世的兒子胡安・德・波旁（Infante Juan, Count of Barcelona）發表《洛桑宣言》，自稱國王並要求恢復君主立憲制。胡安的主張雖然合理，但佛朗哥認為他對共產主義過於寬容，因此拒絕承認。

西元一九四七年，佛朗哥頒布《國家元首繼承法》，成功遏制胡安等王黨勢力。《國家元首繼承法》規定佛朗哥政權為無國王的君主制，且佛朗哥有權任命繼承人。於是，胡安將年僅十歲的兒子胡安・卡洛斯（Juan Carlos I）託付給佛朗哥，以期他成為下任國王。佛朗哥也確實對胡安・卡洛斯施以國王的英才教育，並將他視為候選人之一。

進入西元一九六〇年代，佛朗哥年事已高，其健康狀況備受關注，政權制度和繼承人問題開始引起重視。

於西元一九六七年公布的《國家組織法》，就是為了應對佛朗哥去世後的情況而制定的基本法。佛朗哥政權自建立起歷經三十多年，至此才終於穩定下來。

西元一九六九年，佛朗哥便根據《國家元首繼承法》，任命胡安・卡洛斯為繼承人。

獨裁政體結束

然而，佛朗哥在有生之年並不打算將實權交予胡安・卡洛斯。西元一九七三年六月，他任命卡雷羅・布蘭科海軍上將（Luis Carrero Blanco）為首相。這是佛朗哥政權下第一次由佛朗哥以外的人擔任首相一職，且實質上為國家繼承人。

不過，卡雷羅・布蘭科在就任首相半年後，就遭到埃塔組織成員暗殺，佛朗哥的計畫因此受阻。同年，第一次石油危機爆發，西班牙原本順利發展的經濟又開始陷入困境。

西元一九七五年十月，佛朗哥病倒，並於十一月二十日去世，享壽八十二歲。他對國民的遺囑是「以對我一樣的忠誠支持胡安・卡洛斯，警惕祖國的敵人」。

佛朗哥去世後，西班牙國內的反政府運動並未掀起大規模浪潮。相較於葡萄牙的長期獨裁統治者薩拉查（António de Oliveira Salazar）在西元一九七〇年去世後，僅四年就爆發革命，同為西方陣營的獨裁政體，佛朗哥政權在沒有大動盪的情況下走向了終結。

民主化的推進

佛朗哥去世兩天後，胡安・卡洛斯一世繼位國家元首，君主制實質上復辟了。當時國內外普遍認為，胡安・卡洛斯一世畢竟受到佛朗哥栽培，將會延續其政體。事實上，他在繼位時也在國會宣誓會效忠佛朗哥政體。

然而，西元一九七六年七月，胡安・卡洛斯一世便任命與他關係密切、時年四十三歲的蘇亞雷斯（Adolfo Suárez）為首相，違背佛朗哥的遺囑，積極推動民主化。

蘇亞雷斯原本是在佛朗哥政權下的國民運動黨高官，曾擔任國營電視台總裁等職務。但他一上任首相後，就承諾舉行大選，並且創造與反佛朗哥政體勢力對話的機會，赦免因抗議而受罰的人，推動民主改革。

蘇亞雷斯將這一連串的改革制定為《政治改革法》，包括實施普選、將國會改制為由參議院和眾議院組成的兩院制等，並於西元一九七六年十一月作為第八項基本法獲國會通過。隔月的全民公投中，這項法案獲得百分之九十四的高支持率。

西班牙的民主化，最後竟是由過去佛朗哥政權下的重要政治人物所籌備。

隨著大選臨近，蘇亞雷斯不顧軍方等希望維持佛朗哥政體者的反對，將佛朗哥政權下的非法共產黨合法化。

西元一九七七年六月，西班牙時隔四十一年再次舉行大選。由蘇亞雷斯領導、中間主義的民主中間聯盟成為第一大黨。不過，即使蘇亞雷斯的人氣很高，民主中間聯盟仍未能獲得過半數的席次。第二大黨是在佛朗哥政權下非法的左翼工社黨，兩黨合計占國會近八成席次。

為了在法律上與佛朗哥政體徹底分割，蘇亞雷斯著手制定民主憲法，於西元一九七七年八月成立了由主要政黨議員組成的憲法起草委員會，草擬憲法初稿。經過參眾兩院及委員會的修正後，新的憲法法案於西元一九七八年十月在參眾聯席會議上以壓倒性的贊成票通過。同年十二月的全民公投中，也有百分之八十九的人投下贊成票，新憲法正式通過，被稱為《一九七八年憲法》。

自治區問題

《一九七八年憲法》確立了國民主權、基本人權、信仰自由，以及將國王視為國家統一象徵等原則，西班牙正式成為民主的君主立憲制國家。然而，地區自治的問題仍未解決。

蘇亞雷斯意識到加泰隆尼亞和巴斯克等地區的自治運動可能影響到民主化進程，於是在西元一九七七年九月新憲法制定前，便同意加泰隆尼亞設立臨時自治政府，隔年也對巴斯克和加利西亞地區採取相同措施。

起初，蘇亞雷斯只打算設這三個為「歷史自治區」，但由於其他許多地區也要求設立臨時自治區，只好在《一九七八年憲法》中開放所有地區都可能獲得自治權。不過，憲法將自治區分為兩種形式，一種是包含歷史自治區在內、享有高度自治權，一種為普通的自治區。

另一方面，巴斯克地區由於獨立的要求未獲承認，在新憲法的全民公投中，贊成票僅約百分之五十，遠低於其他地區。此外，埃塔的恐怖攻擊也持續進行，西元一九七九年和一九八〇間就造成了二四二人喪命。

政變未遂

蘇亞雷斯推行民主化後，缺乏其他政治願景，加上西元一九七九年的第二次石油危機造成西班牙景氣低迷，使得其支持度日漸下滑。此外，他與民主中間聯盟內部、國王之間也出現分歧，最終在西元一九八一年一月辭去首相職務。

民主中間聯盟隨後提名卡爾沃－索特洛（Leopoldo Calvo-Sotelo）為下任首相，但索特洛未能在國會中獲得絕對多數的信任票，因此推遲至第二輪投票才任命為首相。

二月二十三日投票日當天，特赫羅中校（Antonio Tejero）率領二百名以上的治安警察部隊占領眾議院，發動政變以企圖樹立軍事政權。然而，這場政變未獲軍方大多數人支持，且遭到國王胡安・卡洛斯一世強烈譴責，僅一天就被鎮壓了。

加入北約和歐洲共同體

對於是否要加入西方陣營軍事同盟的北大西洋公約組織（NATO），西班牙內部有許多持保留態度的意見，工社黨和共產黨也主張應該舉行全民公投。然而，在美國的強烈要求下，索特洛政府決定於西元一九八二年加入北約。

西元一九八二年十月的大選過後，左翼的工社黨取代分裂的民主中間聯盟而成

17個自治區

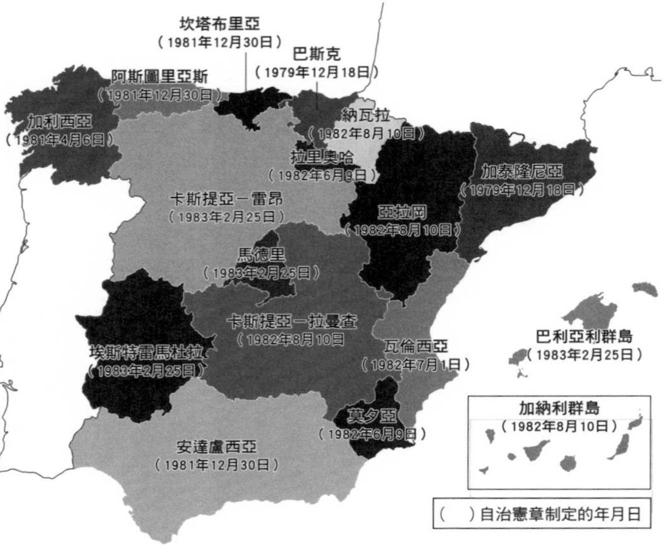

為執政黨，並由同黨的總書記岡薩雷茲（Felipe González）出任首相。此外，雖然工社黨在競選期間批評加入北約一事，但執政後轉而支持留在北約。

當時，西班牙一半以上的出口額來自歐洲共同體（EC）國家，外資投資也以這些國家為主。而除了愛爾蘭之外，歐洲共同體的其他國家均為北約成員國，這使得西班牙認為加入北約是加入歐洲共同體的第一步。西班牙也確實於西元一九八六年成功加入歐洲共同體。

十七個自治區成立

西班牙進行民主化後，全面設置自治區一直是重大課題。無論是索特洛帶領的民主中間聯盟政權，還是岡薩雷茲帶領的工社黨政權，都致力於解決這個問題。

西元一九八一年十月，安達盧西亞經地方性公投後，成為繼加泰隆尼亞、巴斯克和加利西亞之後，第四個擁有高度自治權的自治區。

其後，西班牙各地都陸續成立自治區。西元一九八三年二月，西班牙正式成為了由十七個自治區組成的「自治區國家」。西元一九九五年，西班牙位於非洲的兩處海外屬地——休達和梅利利亞，也成為了自治市。然而，擁有高度自治權的自治區和普通自治區並存，使之後引發了諸多政治問題。

祕密專欄

西班牙的體育

世界頂尖的運動選手

近年來，西班牙的網球運動員拉斐爾・納達爾（Rafael Nadal）和足球運動員安德烈斯・伊涅斯塔（Andrés Iniesta）等人在世界舞台上大放異彩，在日本也廣受歡迎。

納達爾於西元二〇〇五年首次參加法國網球公開賽就獲得冠軍，此後幾乎每年都在這項賽事中奪冠。他於西元二〇〇八年首奪溫布頓網球錦標賽冠軍、西元二〇〇九年首奪澳洲網球公開賽冠軍、西元二〇一〇年首奪美國網球公開賽冠軍，實現了網球大滿貫（Grand Slam）的偉業。

雖然納達爾曾一度因傷病而無法上場，但他在西元二〇一七年重返賽場後，便於西元二〇二〇年達成職業生涯一千勝的里程碑。他擅長以粗壯的左手發出急速下墜又高高彈起的上旋球，在紅土球場上曾創下八十一連勝的驚人紀錄，被譽為「紅土之王」。

●伊涅斯塔

●納達爾

伊涅斯塔則因其華麗的技術和廣闊的視野，被譽為「西班牙的國寶」。

他年僅十二歲參賽時就備受矚目，隨後加入巴塞隆納足球俱樂部的青訓營，十八歲就進入一線隊伍。與哈維（Xavier Hernández Creus）、普約爾（Carles Puyol）等隊友一起成為西班牙國家代表隊的中堅力量。

西元二〇一〇年在南非世界盃足球賽上，伊涅斯塔成為西班牙首次奪冠的功臣之一，被譽為當時世界頂級的中場球員。

西元二〇一八年，他宣布加入日本甲組職業足球聯賽的神戶勝利船，讓球迷們大感驚訝。

20世紀代表性的大提琴家

帕烏・卡薩爾斯

Pau Casals

（1876～1973）

不斷呼籲世界和平、提倡民主與自由

卡薩爾斯第一次拉奏大提琴時年僅11歲，之後就學於巴塞隆納和馬德里的音樂學院，23歲時才在巴黎首次亮相，並因演奏巴哈的《無伴奏大提琴組曲（Cello Suites）》成為著名的大提琴家。

卡薩爾斯希望音樂不僅限於特權階級的人欣賞，於西元1919年在巴塞隆納成立了卡薩爾斯管弦樂團，並於西元1925年創立勞工音樂協會。

此外，他不斷呼籲世界和平、提倡民主與自由，並因反對佛朗哥政權，在內戰期間離開祖國。然而，為了回應人們的期望，他於西元1950年代參加了西班牙國內的音樂節，並將故鄉加泰隆尼亞的民謠《白鳥之歌（El Cant dels Ocells）》納入曲目。

有一段廣為流傳的佳話表示，他曾在西元1971年的世界和平日，於聯合國總部演奏這首曲子，寄託其對和平的渴望。

chapter 8

現今的西班牙

兩大政黨輪流執政

岡薩雷茲執政時期，西班牙於西元一九八六年加入歐洲共同體，觀光收入不斷增加。歐洲共同體的開發援助和外國的投資規模擴大，使西班牙經濟一片繁榮。

在這樣的背景下，西班牙於西元一九九二年首次舉辦奧運會——巴塞隆納奧運，同年還舉辦了塞維亞世界博覽會，並在馬德里至塞維亞之間開通了首條高速鐵路（AVE）。

然而，進入西元一九九〇年代後，由於石油價格飆升，導致全球景氣低迷，西班牙的經濟狀況也日益惡化，失業率在西元一九九一年至一九九四年間從百分之十六升至百分之二十五。

再加上長期執政的工社黨於這段期間接連爆出醜聞，如：黨內高層涉及貪汙案，以及為了對抗埃塔而提供資金和情報給極右翼恐怖組織「反恐怖主義解放團

（GAL）」等，導致支持率急速下跌。

西元一九九六年的大選中，右翼人民黨成為第一大黨。自此，工社黨長達十四年的執政時期結束。

在人民黨執政期間，西班牙經濟開始復甦，財政赤字也有所改善。西元一九九九年，西班牙成為歐元區的創始成員國。人民黨的政策獲得高度支持，一路順風順水，當時都認為人民黨會在西元二〇〇四年三月十四日的大選中獲勝並繼續執政。

然而，投票日的前三天發生了馬德里三一一連環爆炸案（編註：馬德里的鐵路系統受炸彈襲擊）。這起事件為伊斯蘭極端份子的報復行

動，起因於西班牙派兵參與由美國主導的伊拉克戰爭。對此，政府卻聲稱是埃塔所為，甚至將當初民眾反對派兵前往伊拉克的示威遊行與此掛鉤，因而飽受批評。

多重因素影響下，主張從伊拉克撤軍的工社黨再次取得政權。在這之後，人民黨於西元二〇一一年執政、工社黨於西元二〇一八年執政，兩黨輪替掌權。

在長期兩黨輪替、西元二〇〇八年雷曼兄弟事件引發全球經濟危機下，從西元二〇一五年開始，主張施行基本收入（政府定期向國民發放一定現金）和重視環境保護的左翼民粹主義政黨「我們能黨」開始崛起，並於西元二〇二〇年與社工黨組成聯合政府。此外，西元二〇一九年的大選中，被視為極右翼政黨的「呼聲黨」也獲得了席次。

西班牙的未來

雖然西班牙的民主主義已經紮根，但關於自治區國家如何運作，直至西元二十一世紀的現在，仍是西班牙要面臨的一大課題。其中，巴斯克和加泰隆尼亞一直是這個問題的核心。

目標是巴斯克獨立的埃塔組織，在西元二〇〇六年十二月三十日於馬德里發動巴拉哈斯機場爆炸案等，即使進入西元二〇〇〇年代依舊不斷發動恐攻。不過之後就在西元二〇一〇年和二〇一一年宣布停止武裝鬥爭，並於西元二〇一八年正式解散。儘管如此，仍有不少巴斯克人希望從西班牙獨立。

另一方面，加泰隆尼亞的獨立運動約於西元二〇一〇年開始升溫。西元二〇一七年，加泰隆尼亞未經政府許可就舉行了獨立公投，結果約九成的人投贊成票。然而，西班牙政府不予承認，以損害國

當時的日本

2017（平成29）年12月，當時的天皇明仁表示有意於前一年退位，隨後正式決定退位日期為2019（平成31）年4月30日，皇太子德仁親王的即位日期為同年的5月1日。這是自江戶時代光格天皇讓位給仁孝天皇以來，時隔202年的禪讓。

家統一為由，暫時中止了加泰隆尼亞的自治權。雖然後來恢復了加泰隆尼亞的自治權，但其獨立問題至今仍未解決。

西元二〇一四年，在西班牙民主化進程中扮演重要角色的胡安・卡洛斯一世退位，由其兒子費利佩六世（Felipe VI）繼任國王。胡安・卡洛斯一世原本在西班牙享有極高的人氣，但自從他在沙烏地阿拉伯高鐵建設案中收賄一事被揭發後，就備受輿論指責，如今已流亡到阿拉伯聯合大公國。

西元二〇二〇年，新型冠狀病毒疫情在全球大流行時，西班牙也有許多人不幸感染而罹難。作為經濟重要支柱之一的觀光業也受到重大打擊，但之後便逐漸恢復到疫情前的水準了。

耐人尋味的西班牙偉人⑧

不斷刷新料理常識的廚神

費朗・亞德里亞

Ferran Adrià

（1962～）

傳奇鬥牛犬餐廳的主廚

傳奇的鬥牛犬餐廳（elBulli）於西元2006年至2009年連續4年被評選為「世界最棒的50家餐廳」第一名，以難以預約而聞名；而這家傳奇餐廳的主廚，就是費朗・亞德里亞。他在西元1962年出生於加泰隆尼亞自治區的奧斯皮塔萊特（L'Hospitalet de Llobregat），於西元1984年進入鬥牛犬餐廳擔任主廚。

亞德里亞因其獨創性而被譽為世界頂級創作人。他不僅不斷創造出新的烹調方式和獨特的創意料理，還會將食譜公開給大眾。

鬥牛犬餐廳每年都會收到多達200萬件的預約，可見其人氣之高，但最終於西元2011年7月停業。之後，亞德里亞於西元2013年成立鬥牛犬基金會，以推動料理界的技術創新。他主張將科學方法和其他領域的元素融入烹飪中，將有助於21世紀料理界的發展。

年表 西班牙的歷史

這份年表是以本書提及的西班牙歷史為中心編寫而成。

配合下半段的「世界與日本歷史大事紀」，可以更深入理解。

年代	西班牙大事紀	世界與日本大事紀
〈紀元前〉		
15000前後	阿爾塔米拉岩洞壁畫	日本 繩文時代開始（約西元前15000）
1000前後～	腓尼基人、凱爾特人等民族到來	日本 彌生時代開始（約西元前1000）
227	迦太基人建立新迦太基城	世界 秦滅魏（西元前225）
218	第二次布匿戰爭爆發（至西元前201年）	世界 開始修建萬里長城（西元前214）
197	羅馬設立屬州希斯帕尼亞	世界 漢朝建立（西元前206）
19	羅馬確立在伊比利半島的統治	世界 阿克提姆海戰（西元前31）
〈紀元〉		
409	日耳曼民族入侵	世界 日耳曼民族大遷徙開始（375）
418	西哥德王國建立	世界 東晉滅後秦（417）

589	西哥德王國改信天主教	世界 隋朝建立（581）
654	《西哥德法典》頒布	日本 乙巳之變（645）
711	伊斯蘭入侵，西哥德王國滅亡	日本 遷都平城京（710）
718	阿斯圖里亞斯王國建立	日本 《三世一身法》（723）
722	科瓦東加戰役爆發，收復失地運動開始	世界 聖像破壞運動（726）
756	哥多華埃米爾國（後奧瑪亞王朝）建立	世界 丕平獻土（756）
820前後	納瓦拉王國建立	世界 法蘭克王國分裂（843）
910	阿斯圖里亞斯王國分裂為雷昂王國和加利西亞王國	世界 高麗建國（918）
1035	亞拉岡王國從納瓦拉王國獨立	日本 平忠常之亂（1028）
1037	卡斯提亞－雷昂王國建立	世界 塞爾柱王朝建立（1038）
1076	亞拉岡王國併吞納瓦拉王國	世界 卡諾莎之行（1077）
1086	穆拉比特王朝入侵	日本 後三年之役（1083）
1137	亞拉岡聯合王國成立	世界 北宋滅亡（1127）
1157	卡斯提亞王國和雷昂王國分裂	日本 保元之亂（1156）
1172	穆瓦希德王朝統治安達盧斯地區	世界 法提瑪王朝斷絕（1171）

年代	西班牙大事紀	世界與日本大事紀
1230	卡斯提亞王國再次併吞雷昂王國	【日本】承久之亂（1221）
1232	奈斯爾王朝建立（約1238年成立格拉納達王國）	【日本】御成敗式目（1232）
1236	大規模收復失地運動展開	【世界】蒙古入侵歐洲（約1235～1242）
1469	伊莎貝拉與斐迪南結婚	【日本】應仁之亂開始（1467）
1474	伊莎貝拉一世即位為卡斯提亞女王	【日本】越前一向一揆（1474）
1478	異端審判制度創立	【日本】應仁之亂結束（1477）
1479	斐迪南二世即位為亞拉岡國王	【世界】迪亞士到達好望角（1487）
1492	格拉納達陷落，收復失地運動完成	【日本】明應政變（1493）
	頒布《驅逐敕令》驅逐猶太教徒	【世界】義大利戰爭開始（1494）
	哥倫布到達西印度群島	【世界】達伽馬發現通往印度的航線（1498）
1496	伊莎貝拉一世與斐迪南二世獲得「天主教雙王」稱號	【世界】欽察汗國滅亡（1502）
1516	西班牙哈布斯堡王朝成立	【世界】路德發表《九十五條論綱》（1517）
1519	卡洛斯一世當選為神聖羅馬帝國皇帝查理五世（1520年加冕）	【世界】麥哲倫到達麥哲倫海峽（1520）
1520	公社起義爆發	【世界】條頓騎士團戰爭（1522）

1521	科特斯征服阿茲特克帝國	世界 羅馬之劫（1527）
1533	皮薩羅征服印加帝國	世界 馬基維利的《君王論》出版（1532）
1568	尼德蘭地區叛亂（八十年戰爭，至1648年）	日本 織田信長開始上洛（1568）
1571	於勒班陀海戰中擊敗鄂圖曼帝國	世界 聖巴多羅買大屠殺（1572）
1579	北尼德蘭七省締結烏特勒支同盟	世界 三王戰役（1578）
1580	葡萄牙併入西班牙	日本 本能寺之變（1582）
1588	西班牙無敵艦隊被英國擊敗	日本 豐臣秀吉下達《刀狩令》（1588）
1605	塞凡提斯出版《唐吉訶德》前篇（1615年出版後篇）	日本 江戶幕府建立（1603）
1609	摩里斯科人遭驅逐	世界 羅曼諾夫王朝建立（1613）
1640	加泰隆尼亞和葡萄牙發生獨立叛亂	日本 島原之亂（1637）
1700	西班牙波旁王朝成立	世界 普魯士王國建立（1701）
1701	西班牙王位繼承戰爭爆發（至1714年）	日本 赤穗事件（1702）
1707	《新基本法令》頒布（至1716年）	世界 大不列顛王國建立（1707）
1759	卡洛斯三世即位，實施啟蒙改革	世界 七年戰爭開始（1756）
1808	西班牙獨立戰爭開始（至1814年）	世界 《亞眠和約》（1802）

年代	西班牙大事紀	世界與日本大事紀
1812	卡迪斯議會制定《一八一二年憲法》	世界 拿破崙遠征俄羅斯（1812）
1820	自由三年（西班牙立憲革命）開始（至1823年）	日本《異國船驅逐令》（1825）
1868	九月革命爆發，伊莎貝拉二世流亡	日本《王政復古大號令》（1868）
1873	西班牙第一共和國成立	世界 德意志帝國建立（1871）
1874	阿方索十二世即位，恢復君主制	日本 西南戰爭（1877）
1898	美西戰爭爆發，西班牙戰敗	日本 中日甲午戰爭爆發（1894）
1909	悲劇週事件發生	世界 第一次世界大戰爆發（1914）
1921	在阿努瓦勒戰役中被摩洛哥叛軍擊敗	世界 國際聯盟成立（1920）
1923	普里莫・德・里維拉開始進行獨裁統治（至1930年）	日本 關東大地震（1923）
1931	阿方索十三世流亡，西班牙第二共和國成立	世界 九一八事變（1931）
1934	十月革命爆發	日本 五一五事件（1932）
1936	西班牙內戰開始	日本 二二六事件（1936）
1937	畢卡索完成《格爾尼卡》	世界 第二次世界大戰爆發（1939）
1939	西班牙內戰結束，佛朗哥獨裁政權成立	日本 太平洋戰爭爆發（1941）

1946	聯合國大會決議驅逐西班牙	世界 諾曼第登陸作戰（1944）
1955	西班牙加入聯合國	世界 韓戰爆發（1950）
1959	埃塔（巴斯克祖國與自由）成立	日本 《日蘇共同宣言》（1956）
1967	頒布《國家組織法》	世界 古巴導彈危機（1962）
1975	佛朗哥去世，胡安・卡洛斯一世即位為國王	世界 第一次石油危機（1973）
1978	《一九七八年憲法》生效	日本 洛克希德事件（1976）
1982	西班牙加入北大西洋公約組織	世界 福克蘭群島戰爭（1982）
1986	西班牙加入歐洲共同體	世界 車諾比核事故（1986）
1992	舉辦塞維亞世界博覽會和巴塞隆納奧運	世界 蘇聯解體（1991）
1999	西班牙作為創始成員國，加入歐元區	世界 九一一恐怖攻擊事件（2001）
2004	馬德里三一一連環爆炸案發生	世界 南亞大海嘯（2004）
2008前後	受到全球經濟危機影響	世界 阿拉伯之春（2010）
2014	胡安・卡洛斯一世退位，費利佩六世即位	日本 東日本大地震（2011）
2017	暫時中止加泰隆尼亞的自治權	世界 新型冠狀病毒疫情開始（2020）
2018	埃塔宣布解散	世界 俄羅斯入侵烏克蘭（2022）

参考文献

『新版 世界各国史 スペイン・ポルトガル史』立石博高編（山川出版社）
『スペインの歴史―スペイン高校歴史教科書』J・アロステギ・サンチェス、M・ガルシア・セバスティアン、C・ガテル・アリモント、J・パラフォクス・ガミル、M・リスケス・コルベーリャ著／立石博高監訳／竹下和亮、内村俊太、久木正雄訳（明石書店）
『スペインの歴史を知るための50章』立石博高・内村俊太編著（明石書店）
『世界歴史大系 スペイン史１―古代～近世』関哲行、立石博高、中塚次郎編（山川出版社）
『世界歴史大系 スペイン史２―近現代・地域からの視座』関哲行、立石博高、中塚次郎編（山川出版社）
『読んで旅する世界の歴史と文化　スペイン』増田義郎監修（新潮社）

[編著]
永田智成
1981年出生於東京都，南山大學外語學院西班牙與拉丁美洲學系教授。擁有政治學博士學位，專攻領域為西班牙現代史、比較政治學。主要著作包括《フランコ体制からの民主化―スアレスの政治手法》（單著，木鐸社）、《連邦制の逆説？―効果的な統治制度か》（分擔撰寫，NAKANISHIYA 出版）、《スペインの歴史を知るための50章》（分擔撰寫，明石書店）。

久木正雄
1982年出生於千葉縣，法政大學國際文化學院國際文化學系副教授。擁有文學碩士學位，專攻領域為西班牙與葡萄牙近世史。主要著作包括《スペイン帝国と複合君主政》（分擔撰寫，昭和堂）、《スペインの歴史を知るための50章》（分擔撰寫，明石書店）、《スペインの歴史―スペイン高校歴史教科書》（合譯，明石書店）。

編集・構成／造事務所
設計／井上祥邦（yockdesign）
文字／尾登雄平、林良育、河野桃子、奈落一騎
插畫／suwakaho

極簡西班牙史

出　　版／楓樹林出版事業有限公司
地　　址／新北市板橋區信義路163巷3號10樓
郵政劃撥／19907596 楓書坊文化出版社
網　　址／www.maplebook.com.tw
電　　話／02-2957-6096
傳　　真／02-2957-6435
編　　著／永田智成、久木正雄
翻　　譯／楓樹林編輯部
責任編輯／邱凱蓉
內文排版／洪浩剛
港澳經銷／泛華發行代理有限公司
定　　價／350元
出版日期／2024年11月

國家圖書館出版品預行編目資料

極簡西班牙史 / 永田智成, 久木正雄編著；楓樹林編輯部譯. -- 初版. -- 新北市：楓樹林出版事業有限公司, 2024.09　面；　公分
ISBN 978-626-7499-17-7（平裝）
1. 西班牙史
746.11　　113010879